개념 잉태가 소통이다

개념 잉태가 소통이다

발행일   2022년 05월 02일

지은이   이권효
펴낸이   손형국
펴낸곳   (주)북랩
편집인   선일영   편집   정두철, 배진용, 김현아, 박준, 장하영
디자인   이현수, 김민하, 안유경, 최성경   제작   박기성, 황동현, 구성우, 권태련
마케팅   김회란, 박진관
출판등록   2004. 12. 1(제2012-000051호)
주소   서울특별시 금천구 가산디지털 1로 168, 우림라이온스밸리 B동 B113~114호, C동 B101호
홈페이지   www.book.co.kr
전화번호   (02)2026-5777   팩스   (02)2026-5747

ISBN   979-11-6836-297-0 03100 (종이책)   979-11-6836-298-7 05100 (전자책)

(주)북랩 성공출판의 파트너
북랩 홈페이지와 패밀리 사이트에서 다양한 출판 솔루션을 만나 보세요!
홈페이지 book.co.kr   •   **블로그** blog.naver.com/essaybook   •   **출판문의** book@book.co.kr

작가 연락처 문의 ▸ ask.book.co.kr

작가 연락처는 개인정보이므로 북랩에서 알려드릴 수 없습니다.

CONCEPT COMMUNICATION

소통과 공감의 신개념 방법론을 제시하다

개념 잉태가 소통이다

이권효 지음

북랩

개념 잉태로 소통을 성찰하다

'막말, 궤변, 오만, 독선, 혐오, 증오, 분노, 내로남불, 갈라치기, 편가르기, 이중잣대, 낙인찍기, 내편 네편, 세대 갈등, 남녀 갈등, 확증 편향, 진영논리, 냉소, 분열, 정치적 도덕적 부족주의, 이념 대립, 불신, 독단, 아전인수, 견강부회, 불통' 같은 현상에는 말(언어) 문제가 놓여 있다. 대중사회는 언어로 연결된 언어 공동체이기 때문이다. 그 '연결 상태'의 맞고 틀림, 좋고 나쁨, 옳고 그름, 아름다움과 추함이 문제이다.

말은 이미 있는 현실을 비추는 기호가 아니라 현실을 이런 식으로 또는 저런 식으로 드러내고 규정한다. 현실이 혼란스러워 언어가 혼란스러울 수 있지만 동시에 언어가 혼란스러워 현실을 더욱 혼란스럽게 만들 수도 있다. 삶과 공동체의 질서는 언어의 질서와 깊은 관련이 있다.

막말과 궤변 등을 걱정하면서 소통과 공감, 역지사지가 필요하다는 주장과 진단, 평가가 매우 많다. 언어 공동체를 위해서는 예나 지금이나 막말이나 궤변은 바람직하지 않고 소통과 공감은 바람직하다는 것은 누구나 안다. 그런데도 실제로 소통이나 공감, 역지사지가 제대로

안 되는 경우가 많다. 보고 싶은 것만 보고 듣고 싶은 것만 듣는 확증 편향이나 우리 편 편향에 갇혀 있다고 서로 비난한다.

나는 사람들이 일상에서 쓰는 개념을 잉태적 차원에서 이해하려는 태도와 노력이 이런 문제를 풀기 위한 한 가지 열쇠가 될 수 있다고 생각한다. 잉태(孕胎)는 아이나 새끼를 배는 생명 현상이다. 막말이나 궤변은 개념을 단순한 수단으로 여기기 때문에 더욱 쉽게 상대방을 겨냥하고 공격할 수 있다. 말을 생명 현상인 잉태라고 여기면 사정이 아주 달라진다. 사람을 포함한 어떤 동물이라도 잉태는 생명의 출발이므로 이를 소중하게 여기지 않는 경우는 없을 것이다.

개념 형성의 잉태적 고통

오래전 대학생 때 칠판에 분필로 쓴 철학 교수의 이 말은 방황하던 나에게 나침반, 등대 그리고 지도처럼 다가왔다. 이 화두는 신문기자로 일할 때는 물론이고 지금 대학생들에게 강의를 할 때에도 언제나 몸의 핏줄을 타고 흐른다. 개념 이해가 부족한 상태로 쓰는 기사는 현실을 왜곡한다는 두려움, 개념 이해가 부족한 상태로 강의를 한다면 대학생의 삶을 속일 수 있다는 두려움에 예민하지 않을 수 없다.

'개념'이라는 것을 무엇에 대한 지식쯤으로 막연하게 알고 있던 당시 나에게 "개념은 잉태이고 잉태여야 한다"라는 이 표현은 두 말(개념과 잉태)의 어울림이나 조화와는 거리가 멀게 느껴졌다. 개념(槪念)에 대해 국어사전은 '사물이나 현상에 대한 일반적인 지식. 여러 관념에서 공통 요소를 뽑아내어 종합한 관념'으로 풀이한다.

잉태는 자식(새끼)을 어미가 임신하는 것인데, 그럼 개념을 뱃속의 새끼처럼 수정시키고 영양을 공급하여 자라도록 한다는 말이다. 그 철학 교수는 강의실 학생들에게 개념의 중요성을 강조하기 위해 잉태(임신) 같은 자극적인 비유를 한 것일까. 교수는 학생들이 잘 알아듣지 못할 것으로 생각했는지 개념을 뜻하는 영어 '콘셉트(concept)'에는 그런 뜻이 있다며 사전을 찾아보라고 했다.

concept ①개념 ②잉태, 임신

사전에는 이와 같이 나와 있었다. 대학 2학년 때 겪은 이 사건을 계기로 나는 개념이나 콘셉트 같은 말을 쓰거나 떠올릴 때는 언제나 잉태 또는 임신이라는 말을 함께 생각하게 되었다.

잉태는 생명의 시작이다. 사람은 모태(母胎)에서 열 달 동안 어머니와 한몸이 되어 조금씩, 하나하나, 차근차근 온전한 생명체 모습을 갖춘 뒤에야 비로소 태어난다. 즉, '태(胎)에서 벗어나' 세상과 마주한다. 잉태 동안 어미가 겪는 어려움은 단순한 괴로움이 아니라 한몸으로 느끼는 소중하고 즐거운 고통일 것이다.

개념을 이해한다는 것은 머릿속에 그 뜻(의미)을 이해한다기보다 몸으로 느끼고 다듬고 키우면서 온전한 생명체로 성장시키는 '형성 과정'이다. 이런 맥락에서 나는 개념이라는 명사에도 '개념하다'라는 동사형이 있으면 개념이라는 말의 생동하는 모습을 나타내는 데 도움이 될 것이라는 생각을 하곤 했다. '개념하다'는 '잉태하다'라는 동사와 잘 어울리기 때문이다. 고사리나 콩나물 같은 나물은 대개 명사로 쓰지만

'나물하다'라는 동사(나물을 캐거나 뜯다. 나물을 반찬으로 만들다)로도 쓴다. '개념하다'라는 말도 이렇게 할 수 있을 것 같다.

'개념 형성(이해)의 잉태적 고통'이 나의 몸속으로 들어온 이후 "나는 이 개념을 어떤 차원에서 이해하고 형성해나가고 있는가" 하는 물음을 스스로 던지는 일이 많아졌다. "언어는 존재의 집이다", "언어의 한계는 삶의 한계이다", "언어는 몸의 아름다운 무늬다" 등 언어의 중요성을 말하는 경구가 많지만 언어가 삶이고 현실임은 거의 누구나 일상에서 느낄 수 있다. 개념, 즉 언어는 삶과 현실을 담는 그릇이고 비추는 거울이며 들여다보는 창문이고 인식하고 판단하는 틀(프레임)이며 그곳에 다가가는 길(道, Way)이다.

개념의 북돋움

나는 언어 사용이 두뇌 작용이 아니라 몸 전체의 움직임이라고 생각한다. 콘셉트(개념)에 잉태의 뜻이 있는 것을 보더라도 그렇다. 개념의 이해가 좁고 빈약하고 잉태적 형성 과정이 없으면 그런 개념을 통해보고 느끼고 생각하는 거울과 창문은 좁고 흐려서 제 역할을 하기 어려울 것이다. 잉태적 고통 차원에서 개념을 이해하고 형성하는 태도와 노력은 우선 자기 자신과, 다음으로 다른 사람과, 다음으로 세상 만물과, 다음으로 우주 자연과 통(通)하는 문을 여는 열쇠가 될 것으로 생각한다. 일상에서 "저런, 개념 없는(무개념) 사람들!"이라는 표현은 그 사람의 인격이나 인품을 근본적으로 의심하여 신뢰할 수 없는 사람이라는 맥락으로 쓴다. 개념 이해는 삶의 바탕에 닿아 있다.

개념을 '형성적으로 이해하고 알고 실천하는 행위'는 삶의 과정이므로 전지전능한 신이 아니라면 100퍼센트 완성할 수는 없다. 유연하고 개방적인 태도로 개념을 잉태하려는 태도와 노력이 소중하다. "말이 통한다"라는 것은 상대방이 나의 말에 동의한다는, 즉 생각의 일치가 아니다. 여러 말과 생각이 파편처럼 서로 부딪히는 상황을 넘어 깊고 넓은 차원을 함께 생각할 수 있다면 그것으로도 의미와 효용이 있다. 말과 행동의 파편화와 다양함은 매우 다르다. 사람의 마음은 얼굴만큼이나 서로 다르고(인심여면, 人心如面), 그래서 사람의 마음은 서로 헤아리기 어렵고(인심난측, 人心難測), 그런 사람이 모여 사는 세상의 온갖 일도 헤아리기 어렵다(세사난측, 世事難測)는 현실을 대전제(大前提, major premise)로 공유할 필요가 있다. 예측은 어렵고 복잡하며 억측은 쉽고 단순하다. 이를 위해서도 개념에 대한 유연하고 입체적인 이해가 요청된다.

개념을 생명처럼 자라도록 잉태시키고 성장시키는 태도와 노력은 '개념을 북돋우는' 일이다. 여기서 '북'은 나무의 뿌리를 둘러싸고 있는 흙이다. 북이 뿌리를 잘 돋우어야 줄기와 가지, 열매로 이어지는 과정이 순조롭다. 개념을 잉태적으로 이해하는 과정은 식물의 이런 모습과 닮았다.

'인간은 이성적 동물이다'라는 정의(定義, definition)로 널리 알려진 아리스토텔레스는 『형이상학』에서 "정의는 그것에 관한 전체"라고 했다. 부분이 아니라 전체라는 표현이 주목된다. 어떤 개념의 뜻을 알고 이해하기 위해서는 그 개념을 입체적으로 파악해야 비로소 정의가 가능하다는 뜻으로 느껴진다. 공자는 삶과 세상이 올바르게 되기 위한 조건으로 정명(正名, rectify names)을 강조했는데, 정명은 개념을 바르게 이해하는 태도와 노력이다. 개념을 잉태적 차원에서 이해할 때 개념은 생명력을 얻게 될 것이다. 개념 잉태가 삶과 세상의 향상에 도움이 될 수 있다.

언어의 혼란과 분열, 그에 따른 공동체의 지나친 갈등 대립에는 언어가 잉태의 차원에서 이해되지 못하는 측면이 있지 않을까. 성별이나 세대별로 서로 싫어하고 미워하는 증오나 혐오의 문제에도 깊은 차원에서는 개념에 대한 좁고 피상적인 이해가 놓여 있을 수 있다. 공동체에서 개인의 파편화와 다양화는 매우 다른 차원이다. 개념을 잉태하고 출산하는 노력이 공동체에 많으면 더 나은 삶을 가꾸는 밑거름이 될 수 있다. 개념의 잉태라는 관조(觀照), 즉 테오리아(theoria)가 필요한 이유이다. 테오리아는 무엇을 단편적이 아닌 입체적으로, 부분적이 아닌 전체적으로 보는 태도이다. 이를 위해서는 '인식의 여백' 같은 유연한 바탕이 필요하다. 조금 물러서서, 거리를 두고 바라보려는 마음가짐이다.

개념 이해를 어떤 차원에서 하느냐는 현실 인식의 넓이와 깊이를 결정한다. 이는 인식의 문제를 넘어 실천과 행동의 차원이기도 하다. 서로 '마음의 깊은 곳(heart of heart)'에 닿을 수 있으려면 개념의 잉태라는 태도와 노력이 가교 역할을 할 수 있다. 잉태는 난자와 정자가 만나는 수정(受精)으로 시작된다. 수정하는 움직임은 영어로 'fertilize'인데, 그 의미가 매우 좋다. 형용사 'fertile'은 '땅이 걸고(양분이 많고 알찬) 비옥한'의 뜻이다. 여기서 '생식력 있는, 결실을 낳는'이라는 뜻이 나온다. 'fertilize the mind'는 '마음을 풍요롭게 한다'라는 의미다. 생명력 덩어리라고 할 수 있는 잉태의 가능성을 잘 보여주는 표현이다.

이 책에서는 국립국어원 『표준국어대사전』의 개념 풀이와 비교하는 방식으로 개념 잉태를 성찰해본다. 일상에서 널리 쓰이는 개념 중에서 의미를 바르게 하거나 확장이 필요하다고 생각되는 12가지를 선정했다. 잉태가 끝난 개념이 아니라 잉태가 되도록 노력하는 상태이다. 임신을 한 이후의 시기에 대해서는 용어의 의미가 명확하지는 않지만 태(胎)는 임신 후 3개월가량 지난 시기를, 배(胚)는 1개월가량 지난 시기를 가리킨다는 옛 기록을 참고하여 이 책에서는 잉배(孕胚)를 조금 지난 잉태(孕胎) 개념을 쓴다.

이 책을 관통하는 핵심은 '잉태 소통(콘셉트 커뮤니케이션, concept communication)'이다. 언어로서 개념을 생명을 잉태하는 태도로 이해하고 쓰면 소통의 문을 열 수 있다는 의미다. 옥시토신과 세로토닌 호르몬은 긍정적이고 즐거운 느낌을 가질 때 잘 분비되어 '커뮤니케이션(소통) 호르몬'으로 불린다. 긍정(肯定)의 긍(肯)은 즐거움을 뜻하는 낙(樂)과 통한다. 긍락(肯樂)의 정서가 많으면 뇌졸중이나 심장마비 위험이 훨씬 낮아진다는 연구도 있다. 옥시토신은 자궁 수축운동으로 태아의 출산을 유도하는 역할을 하는데, 행복한 기분이 그 속에 흐르지 않으면 제대로 작용하기 어려울 것이다. 대롱으로 하늘을 보는 작은 생각이지만 독자들의 소통 호르몬 분비에 도움이 되면 좋겠다.

2022년 5월

이헌율

차례

12장

인(仁)

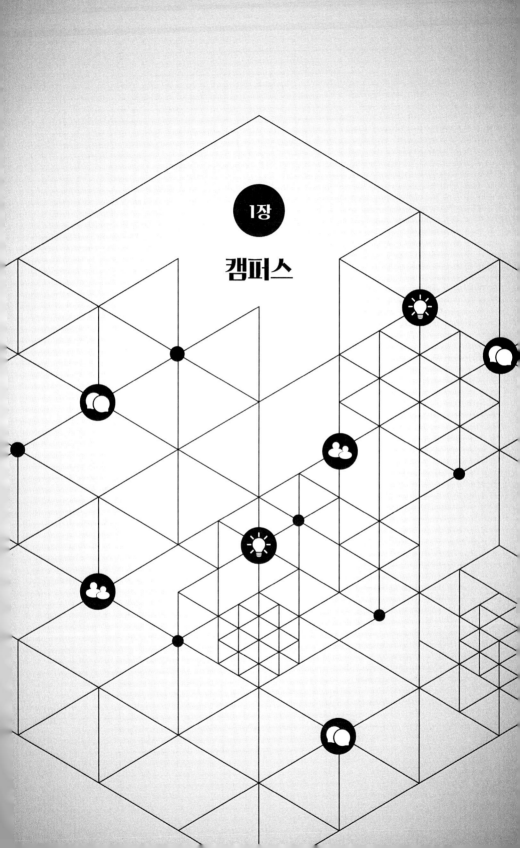

1장

캠퍼스

캠퍼스(校庭, campus) – 삶의 광장 캄푸스

캠퍼스:

대학이나 그 밖의 학교의 교정 또는 구내

- 표준국어대사전

'코로나 캠퍼스', '학생 없는 캠퍼스', '설렘 사라진 캠퍼스', '비대면 캠퍼스', '대학 캠퍼스 다시 활기', '3년 만에 북적이는 캠퍼스', '가상 캠퍼스'.

캠퍼스는 상아탑이라는 말과 함께 대학을 상징하는 개념이다. 초중고교의 교정도 캠퍼스지만 캠퍼스 하면 대학의 교정이다. 20대 청춘의 낭만이 흐르고 치열하게 삶을 고민하며 토론하는 잔디밭, 교수의 강의에 귀 기울이며 공부하는 뜨거운 강의실, 학문 연구로 밤늦도록 불을 밝히는 연구실과 실험실…

활력과 생동감의 상징인 이런 캠퍼스가 지구촌을 강타한 신종 코로나바이러스감염증(이하 코로나19) 사태 때문에 오랫동안 적막강산으로 바뀌었다. 캠퍼스는 구경도 하지 못한 채 입학하여 원격(비대면) 수업으로 학기를 보내고 학위수여식이라는 뭉클한 행사도 없이 그냥 개인적으로 졸업장을 찾아가는 삭막한 모습이 코로나가 불러온 캠퍼스 풍경이 돼버렸다. 강의실 대면 수업과 영상 비대면 수업, 코로나 캠퍼스,

코로나 학번, 코로나 학점, 코로나 졸업이라는 말이 이런 풍경을 보여준다. 대학생과 교직원들이 옛날의 그런 캠퍼스를 얼마나 그리워하는지는 두말할 나위도 없다.

나는 비대면 강의를 하면서 캠퍼스 문제를 고민하고 학생들과 공유할 출구를 찾으려고 했다. 매스미디어(대중매체)에는 '학생 없는 삭막한 코로나 캠퍼스'라는 표현이 이어졌다. 캠퍼스 주변의 식당과 원룸촌 등 상권은 최고 고객인 학생이 없어 영업을 하기 어려운 상태로 빠져들었다. 캠퍼스를 그리워하는 학생들은 지치고 지친 나머지 캠퍼스라는 공간에 대한 체험은 기대를 접어야 하는 상황에까지 이르렀다.

사람은 환경 변화에 잘 적응하는 동물인가? 캠퍼스를 밟지 않는 비대면 원격 수업이 늘어나고 그것에 익숙해지면서 그 장점에 새롭게 적응하는 모습도 보인다. 전공이나 과목에 따라 사정이 다를 수 있지만 원격 수업은 언제 어디서나 접속할 수 있는데다 반복 학습도 가능하다는 장점이 있다. 대학 캠퍼스라는 공간은 강의실에서 교수와 만나 공부하는 것이 중요하지만 그것이 전부는 아니다. 캠퍼스는 대학생의 총체적 생활 공간이라고 할 만큼 역할이 중요하다. 그렇지만 코로나19가 불러온 환경 변화는 캠퍼스를 이전과 같은 공간으로만 인식하기에는 이미 그 개념의 한계가 드러나는 측면을 무시할 수 없다.

캠퍼스 품는 캄푸스

나는 어느 날 비대면 수업에서 '캄푸스'라는 말을 학생들에게 소개했다. 캠퍼스의 어원은 라틴어 캄푸스(campus)다. 캄푸스는 넓은 들판이나 광장, 운동장, 훈련장을 의미한다. 대학을 포함해 초중고 등 학교의 교정은 캄푸스의 뜻을 매우 좁힌다. 오랫동안 캠퍼스라고 하면 대학을 떠올리는 데 익숙해졌기 때문인지 캄푸스로서 캠퍼스의 의미가 축소된 것을 코로나19를 계기로 회복하면 좋겠다는 생각이 들었다. 캠핑(camping)이나 캠페인(campaign)이라는 말도 캄푸스에서 유래됐다. 캠핑이나 캠페인을 일정하게 정해진 곳에서만 연다면 그 의미를 살리기 어렵다. 캠핑은 세상 어디에서라도 텐트를 치고 그 시간과 공간에서 삶을 즐길 수 있을 때 그 의미가 살아난다. 캠핑하는 곳이 정해져 있다면 이미 캠핑이라고 할 수 없다. 캠페인도 마찬가지다.

그렇다면 캠퍼스는 대학교의 교정이라는 뜻을 넘어 삶을 펼치는 모든 광장이 캠퍼스 현장이라고 할 수 있다. 대학의 캠퍼스는 삶의 광장으로서, 캠퍼스를 위한 준비 공간으로서 그 역할을 할 때 오히려 그 가치가 깊어지지 않을까 싶다.

2021년 9월 '한국형 미네르바대학 세운다'라는 제목의 뉴스가 화제를 모았다. 국내 한 기업인이 개인 재산을 들여 미국의 미네르바대학과 같은 모델의 대학을 설립(가칭 태재대학교)하기로 했다는 내용이다. 이 대학은 신입생 200명을 선발해 2023년 3월 개교할 예정이다. 미네르바대학은 미국의 벤처기업인이 2011년 설립한 대학으로 흔히 '캠퍼스 없는 온라인 대학'으로 규정된다. 이 소식을 전한 국내 미디어 뉴스에도 미네르바대학을 캠퍼스 없는 온라인 중심 대학으로 소개했다. 온라인으로 수업을 하고 세계 여러 나라에서 일정 기간 체험형 공부를 하는 것을 제외하면 이미 있는 사이버 대학과 기본적으로 차이가 없다.

여기서 다시 생각해볼 측면은 미네르바대학과 이를 모델로 설립을 추진하는 국내 대학을 '캠퍼스 없는' 대학으로 규정한다는 점이다. 여기서 캠퍼스가 없다는 말의 뜻은 일정한 주소지에 건물을 세우고 강의실과 실험실, 도서관, 교내 식당 등 시설을 갖춘 오프라인 방식의 캠퍼스가 아니라는 것이다.

나는 이 뉴스를 접하면서 캠퍼스가 없는 온라인 대학이라는 표현보다는 지구촌이 캠퍼스인 대학이라고 소개했으면 어떨까 하는 생각이 들었다. 미네르바대학은 재학 중 세계 각국의 7개 도시에 6개월씩 머물며 다양한 경험을 쌓는 것으로 알려져 있다. 2023년 첫 신입생을 선발할 예정인 한국의 태재대학교도 4년 동안 미국, 중국, 일본, 러시아에서 6개월씩 지내며 국제적 감각을 키우는 교육과정을 운영한다고 발표했다. 미네르바대학과 협력을 하면서 서로 비슷한 교육 방식을 채택할 계획이라고 한다. 이런 교육은 캠퍼스 없는 대학이 아니라 지구촌을 삶의 광장이나 들판으로 삼아 활동하는 캄푸스의 의미를 적극적으로 살린다는 점에서 오히려 '가장 넓은 캠퍼스'를 가지는 대학이라고 할 수 있다.

이와 같은 대학의 운영과 관련해 등장한 개념이 '메타버스 캠퍼스'다.

코로나19 이후 우리나라뿐 아니라 세계적으로 널리 사용되고 있는 말이 '메타(meta)'이다. 메타버스는 메타(meta)와 유니버스(universe, 세계)를 결합한 신조어이다. 메타버시티(metaversity)라는 말도 등장했다. 메타에 대학을 뜻하는 유니버시티(university)를 결합한 말이다.

메타버스는 대개 '가상(假想, 假像, 假象) 현실'로 번역하는데, 실제의 현실 세계와 달리 인터넷을 활용한 공간이라는 의미로 쓰인다. 기업들도 채용 행사에 메타버스를 활용하는 방식을 점점 많이 도입하는 추세다. 메타버시티는 이와 같은 메타버스를 대학 교육에 다양한 방식으로 접목하는 모습을 나타내는 말이다. 이는 모두 대학 캠퍼스의 개념이 본디 의미인 캄푸스로 확장되는 것을 보여준다고 할 수 있다.

메타(meta)와 가(假)는 현실의 확장

메타라는 말이 세상에 공식적으로 등장한 것은 형이상학(形而上學)으로 번역되는 '메타피직스(metaphysics)'가 아닐까 싶다. 메타피직스는 그리스 철학자인 아리스토텔레스에서 비롯됐다. 메타피직스는 '물리학을 넘어서'라는 뜻인데, 아리스토텔레스의 많은 저서 중에서 '제일의 원인'을 탐구하는 내용은 물리(物理) 세계를 탐구하는 내용을 넘어서는 성격을 가져 메타라는 말을 그의 사후에 편집 과정에서 붙인 것으로 알려져 있다. 메타피직스는 물리 세계에 대한 탐구와 단절되는 것이 아니라 물리 세계의 의미를 확장시킨 것으로 보는 것이 적절하다. 아리스토텔레스는 메타피직스를 철학적 탐구 활동으로 규정한다. 형이상학이라는 말은 동양의 철학 고전인 『주역』의 「계사전」 편에서 나왔다.

메타버스나 메타버시티 등 메타(meta)라는 말이 결합된 말은 대개 '가상현실', '가상 대학'처럼 번역한다. 여기서 '가(假)'는 대부분 '거짓 가'로 읽기 때문에 가상현실을 실제와 다른 '가짜 또는 거짓'이라는 의미로 생각하는 경우가 많다. 삶의 현실과 관련해 무엇이 진짜이고 가짜인지를 명확하게 구분하기는 매우 어렵다. 밤에 자다가 하늘을 새처럼 날아다니는 꿈을 꾸었을 경우 그 내용 자체는 현실에서는 일어날 수 없는 일이다. 그런데도 그런 꿈을 꾸는 자기 자신, 그리고 그런 꿈의 내용이 잠을 깬 다음에 나의 현실에 좋은 기분으로 영향을 미친다면 그것은 나의 현실과 분리할 수 없는 구체적인 사실로 등장한다. 하늘을 나는 꿈을 꾼 날에 기분 좋은 일이 생겼다면 그 원인을 '어젯밤에 하늘을 나는 꿈을 꾸었기에 이런 일이 생겼는가' 하고 생각할 수 있다. 이 모든 것은 나의 현실을 구성한다. 『장자』의 「제물론」 편에 실려 있는 나비 꿈(호접몽, 장자가 나비 꿈을 꾸었는데, 장자가 꿈에 나비가 된 것인지 나비가 꿈에 장자가 된 것인지 알 수 없었다는 내용) 이야기를 예나 지금이나 많은 사람들이 음미하며 영향을 받는다. 시선(詩仙)으로 불리는 당나라 시인 이태백은 「고풍(古風)」에서 장자의 호접몽을 모티브로 다음과 같이 노래한다. "장주(장자)가 나비 꿈을 꾸었는가, 나비가 장주가 되었는가. 사람의 한 몸도 이처럼 경계가 흐릿한데, 세상의 온갖 일은 참으로 희미하고 멀구나." 이런 이야기를 단순히 허구라고 단정할 수 없는 것도 같은 맥락이다. 요즘은 메타버스 같은 가상현실의 도입이 활발해지면서 이를 호접몽에 비유하기도 한다. 장자 호접몽의 가치는 서로 다른 관점을 더 높은 차원에서 녹여내는 데 있다. 상상력은 사람의 인식 세계에서 매우 중요한 측면이다.

가(假)의 의미도 더 높은 차원에서 이해하면 이런 문제에 새롭게 접근하는 계기가 될 수 있다. 가(假)에는 '크다, 멀다, 높은 곳에 닿다'의 뜻이 있다. 그 의미를 살리면 가상은 거짓이나 가짜라기보다는 무엇을 넓혀 확장한다는 뜻으로 볼 수 있다. 실제(實際)나 실재(實在)의 범위를 좁히면 그 범위에서 벗어나는 현상은 사실이 아닌 가짜 또는 거짓으로 판단할 수 있다. 그렇지만 메타 현실을 사실의 범위에 포함하면 메타 현실은 가짜 또는 거짓이 아니라 현실의 범위를 넓히는 것으로 이해할 수 있다. 이렇게 보면 메타버스는 가짜나 거짓으로서의 가상 공간이 아니라 '새롭게 확장된 현실'이라고 볼 수 있다. 저명한 미디어 학자 매클루언(Mcluhan, 1911-1980)은 "옷은 피부의 확장이고 미디어는 인간의 확장이다"라는 주장을 통해 확장(extension) 개념을 넓혔다. 안경이나 현미경, 망원경은 눈의 확장이라고 할 수 있다. 메타버스는 가상, 거짓 현실이 아니라 '확장된 현실'이다. 가상인간을 비롯해 가상화폐, 인공지능(AI), 인공위성, 인공장기(臟器)는 허구가 아니라 삶의 현실이 확장된 모습이다.

대학 재학 중 1개 학기를 세계 각지에서 활동하는 방식의 교육이 '오프 캠퍼스(off-campus)'라는 이름으로 최근 등장했다. 각지를 탐방하는 동안 온라인으로 수업을 하고 학점을 받는 시스템이다. 오프(off)는 '떨어지다, 벗어나다'의 뜻이므로, 이 방식은 기존의 캠퍼스를 벗어난다는 의미다. 이는 캠퍼스를 벗어난다는 공간적 의미가 아니라 기존의 캠퍼스 개념을 확장 또는 확대한다는 의미로 보는 것이 적절하다. off 대신 캠퍼스를 확대(확장)한다는 의미를 담은 접두사를 붙이는 게 낫지 않을까 싶다. 국내의 몇몇 대기업은 사원을 채용한 후 업무에 필요한 교육을 실시하고 있다. 대학 교육을 보완하는 측면이 있다. 이런 교육을 하는 공간을 '무슨 무슨 캠퍼스'라고 부른다.

교문에 들어서면 마주하는 대학 캠퍼스는 교문이 없는 세상의 캄푸스로 나아가는 준비를 하는 공간이라고 하겠다. 코로나19는 캠퍼스의 의미를 확장시켰다. 대학 캠퍼스가 삶의 광장이고, 들판이라는 캄푸스에서 뛰는 디딤돌로 이해하면 코로나 상황을 긍정적으로 이겨내는 힘이 될 수 있을 것이다.

2011년 56세로 세상을 떠난 스티브 잡스는 미국 서부에 있는 소규모 대학인 리드대학 철학과에 한 학기를 다닌 후 자퇴했다. 자퇴 후에도 캠퍼스를 떠나지 않고 2년 가까이 청강생 신분으로 다양한 과목을 공부했다. 이후 인도와 일본을 여행하고 미국의 사과 농장에서 일하면서 정신 수양에 집중하기도 했다. 이 모든 과정이 그에게는 캠푸스인 셈이다. 그는 삶에서 '점(點)의 연결(connecting dots)'을 소중하게 여겼다. 대학의 자퇴와 캘리크라피 수업 청강, 여행 등 삶의 점들이 외톨이 파편으로 흩어지는 게 아니라 하나로 연결되어 삶을 지탱하는 단단한 밧줄이 된다는 신념이 강했다. 그가 애플을 창업하고 성장시키는 과정도 캠푸스에서 점을 연결하는 삶이라고 할 수 있으리라.

코로나19를 계기로 온라인 플랫폼을 통한 원격 비대면 교육 방식도 늘어날 가능성이 높다. 이 또한 캠퍼스의 확장이다. 대면, 비대면 수업을 구분하지만 삶의 깊은 차원에서 볼 때 진정한 대면(對面)은 강의실이라는 공간에서 교수(교사)와 학생이 마주 보는 차원이 아니라 자기자신을 마주하는 모습이 아닐까. 대(對)는 '마주하다, 만나다, 응하다, 짝짓다, 합하다'의 뜻이다. 서로 마주하기 위해 촛대를 여러 개 세우고 촛불을 밝힌 모습을 나타낸 글자이다. 『설문해자(說文解字, 2세기 후한시대 학자 허신이 편찬한 최초의 한자 풀이 사전이다. 지금도 널리 쓰이는 부수 540개를 만들어 한자 1만 자를 풀이했다. 한자의 본디 의미를 파악하는 데 매우 중요한 문헌이다. 이 책에도 설문해자의 풀이를 많이 활용했다)』는 '對'를 '응무방야(應無方也)'라고 풀이한다. 경계를 두지 않고 응한다는 의미다. 무방(無方)은 개방적이고 유연한 태도이다. 『맹자』의 「이루 하」 편에 맹자가 상나라(은나라)를 세운 탕임금을 칭송하면서 '입현무방(立賢無方)'이라고 표현하는데, 신분 등을 가리지 않고 인재를 널리 등용한다는 뜻이다.

강의실이라는 오프라인 공간에서 공부하는가 아닌가를 기준으로 대면과 비대면을 구분하는 것은 좁은 경계이다.

캠퍼스·캄푸스·캔버스·컴퍼스의 닮음

나는 캠퍼스나 캄푸스를 생각할 때면 발음이 비슷한 '캔버스(canvas)'라는 말이 떠오른다. 유화를 그릴 수 있도록 질긴 천으로 만든다. 캔버스에 유화를 그려본 적은 없지만 삶의 넓은 광장으로서 캠퍼스(캄푸스)에 그림을 칠하고 채워나간다는 마음가짐은 가지고 있다. 돛배의 돛을 만드는 천도 캔버스처럼 질겨야 바람을 받아 배를 움직이는 에너지로서 역할을 할 수 있다. 캄푸스라는 삶의 넓은 바다를 돛배로 헤쳐나가는 순간순간은 캔버스를 채워나가는 점철(點綴, 점을 서로 이음)이다.

영국에서 활약하는 손흥민 선수(30)에게 운동장은 작은 축구장(대략 100미터×70미터)을 넘어 삶의 광장이자 운동장인 캄푸스 같다. 그의 경기 모습을 보면 동료 선수들이라는 점(點)과 점을 잘 연결하면서 기량을 펼친다는 느낌이 든다. 많은 언론 매체가 겸손과 성실함을 손 선수의 장점으로 꼽는다. 그의 뛰어난 축구 실력은 이와 같은 성품에서 비롯되는 정직한 결과일 것이다. 나는 손 선수가 2020년 군복무를 대체하는 기초군사훈련을 받는 모습을 보며 그가 삶의 광장 캄푸스에서도 겸손하고 성실하게 된다는 생각을 했다. 제주에 있는 해병대 훈련소에서 3주 동안 훈련을 받으면서 손 선수는 겸손하면서도 적극적인 태도로 훈련을 마치고 동기 훈련생 157명 중에서 1등으로 수료했다는 소식을 접했다. 자기보다 나이가 적은 동기들에게는 형 역할을 하고 나이가 비슷한 동기들에게는 친구 역할을 잘했다고 한다. 그가 정신전력 평가에서 100점을 받고 사격에서 10발을 쏘아 모두 과녁에 명중시킨 실력도 동료 선수들과 잘 연결하면서 골을 만들어내는 플레이와 다를 바 없을 것이다. 손 선수는 골을 넣은 뒤 엄지와 검지를 네모 모양으로 연결해 눈앞에 가져오는 카메라 세리머니를 한다. 나는 그 모습이 그가 동료들과 함께 만든 골을 일회적이고 파편적인 순간이 아니라 가슴이라는 필름에 영원히 기록하고 싶은 마음에서 나오는 것처럼 다가온다.

캠퍼스와 캄푸스, 캔버스를 이야기하다 보니 '컴퍼스(compass)'가 떠오른다. 서로 발음이 비슷하기 때문이지만 그 뜻이 깊다. 문구점에서 컴퍼스를 사 연필을 끼우고 종이에 원(圓, 동그라미, circle)을 그려보았다. 수십 년 만에 그려보는 원이다. 송곳 부분을 종이에 고정시키고 조금씩 돌리면 그려지는 원은 점과 점을 일정하게 연결하는 점철이다. 연필로 그린 원을 보고 있으니 원만(圓滿)이라는 말이 스친다. 부드럽고 너그럽고 순조롭다는 뜻이다. 원각(圓覺, 원만한 깨달음), 원숙(圓熟, 무르익음), 원통(圓通, 두루 통함)이라는 말처럼 원(圓)이 들어가는 말은 삶의 높은 차원을 가리킨다. 『설문해자』는 원(圓)을 '하늘(우주)처럼 둥글어 널리 통하고 두루 미침'이라는 뜻으로 '圜全也(환전야)'라고 풀이한다.

원을 뜻하는 산스크리트어는 '만다라(만달라, mandala)'이다. 만다라는 완전한 균형 상태를 이루는 우주의 질서, 그런 우주와 일체감을 느끼는 마음(생명)의 전체성이라는 상징으로 동양과 서양의 문화에 깊이 반영되어 있다. 태양을 비롯해 수성, 금성, 지구, 화성, 목성, 토성 등이 모두 원(圓)이다. 동양의 태극(太極, 우주의 근원) 그림도 이와 같은 우주의 모습을 상징한다. 컴퍼스에는 나침반이라는 뜻도 있다. 나침반은 방향을 가리키는 기구이지만 어떤 방향인가? 궁극적으로는 우주의 질서와 일체감을 갖는 삶의 중심이라는 방향을 의미하지 않을까.

신화학자 조셉 캠벨(J. Campbell)에 따르면 '심벌(symbol, 상징)'은 '둘을 서로 엮는다'라는 뜻이다. 그렇다면 원(圓)이라는 상징은 자기 자신을 시작으로 우주까지 많은 점을 원만하게 엮는 어떤 전체성(全體性)이라고 할 수 있다. 삶의 광장으로서 캄푸스는 아무렇게나 뛰노는 무대가 아니라 원의 전체성이라는 컴퍼스에 방향을 맞추고 나아가는 활동이리라. 캠퍼스·캄푸스·캔버스·컴퍼스는 가족처럼 닮은 가족 유사성(family resemblance) 개념들이다.

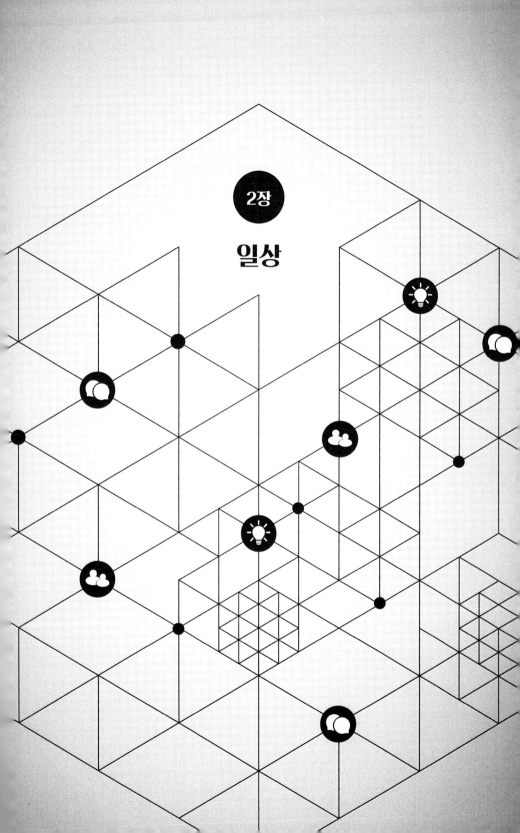

2장

일상

일상(日常, daily life) - 태양을 닮은 당당함

일상:

날마다 반복되는 생활

- 표준국어대사전

'코로나로 실종된 일상', '위드 코로나로 조심스런 일상 회복', '불안한 일상 회복', '일상 회복 기대반 우려반', '일상 다시 멈추면 어쩌나', '다시 일상 멈춤', '조심스러운 일상 회복'.

코로나19 때문에 일상(日常)이라는 말이 코로나 사태 이전과 이후를 나누는 하나의 기준이 됐다. 매스미디어에는 코로나19 때문에 바깥 생활을 제대로 하지 못하고 집안에서 생활하는 어려움을 '일상 단절' 같은 표현으로 다룬다. 손님이 거의 없는 영업 시설의 고통은 이루 말할 수 없을 정도다. 일상의 단절이란 손님으로 북적이던 영업 시설의 기능이 마비되다시피 하며 기존의 모습을 찾아볼 수 없는 풍경을 가리킨다. 코로나19 이전 상태와 비교하면 이는 분명히 비정상적인 모습이어서 기존의 일상이 단절됐다고 말할 수 있다.

국어사전의 풀이처럼 일상은 표면적으로는 날마다 반복되는 생활이다. 반복은 같은 일을 되풀이하는 것이므로, 코로나19 때문에 확 바뀐 생활 풍경은 그 이전의 모습과는 확실히 단절되는 것처럼 보이기도 한다.

그렇지만 코로나19로 사람들의 이동이 자유롭지 못한 상태에서도 날마다 해(태양)가 뜨고 지구촌은 비일상적인 일상을 멈춘 적은 없다. 코로나19 사태를 이겨내기 위한 인류의 절실한 노력도 멈춘 적이 없다. 개인적으로 어떤 어려움이 생긴 경우에도 그것을 극복하는 노력이 아무리 고통스럽더라도 그 순간순간은 일상의 단절이 아니라 더 나은 일상을 향한 나아감이다.

코로나19가 세상을 덮쳤을 때부터 지금까지 사람들은 온갖 희생 속에서도 무너지지 않으려는 의지를 모으고 힘을 발휘했다. 이전의 상황에 비하면 불편한 점이 한두 가지가 아니지만 그런 불편과 불만은 단순한 짜증이 아니었다. 느닷없이 마주한 거대한 어려움에 대처하는 새로운 일상을 포기하지 않았다. 이런 당당함이야말로 일상을 일상이도록 하는 본질적 측면이다. 일상은 단순히 하루하루 반복(되풀이)되는 생활일 수 없다. 반복은 일상의 진면목을 정확하게 드러내는 표현이 아니다. 지구촌에 사는 사람들 중에서 단 하루도 똑같은 일상을 맞이하고 보내는 경우는 없기 때문이다. 일상을 24시간 단위로 되풀이되는 생활로 정의하면 그런 일상에서는 특별한 가치를 찾기 어렵다. 하루든 1년이든, 100년이든 시간의 길고 짧음에 관계없이 그냥 반복되는 생활이기 때문이다. 단순히 반복되는 일상 생활로 하루를 보내든 10년을 보내든 그것은 아무런 차이가 없는 맥빠지는 삶이다.

태양은 단단한 열매

나는 일상을 반복되는 생활이 아니라 해(태양)의 당당하고 떳떳함을 본받아 실천하는 태도와 노력으로 이해하고 싶다. 그것을 위한 소중한 실마리를 대개 '날 일'로 읽고 쓰는 '日'에서 찾으려고 한다. 日은 태양의 모양을 본뜬 상형문자이므로 그것만으로는 깊은 의미를 찾기 어렵다. 『설문해자』는 日을 "열매처럼 가득 찬 것이다. 태양의 굳센 바탕은 중단되지 않는다(實也. 太陽之精不虧. 실야. 태양지정불휴.)"라고 풀이한다. 일상의 깊은 의미를 함축하고 있는 멋진 풀이다.

실(實)은 열매라는 기본 의미에서 느낄 수 있듯이 무엇인가 가득 차 있는 모습이다. 『설문해자』는 실(實)을 '넉넉하다, 기운이나 세력이 왕성하다'라는 의미로 '富也(부야)'라고 풀이한다. 곡식이나 과일이 잘 익어야 열매이다. 속이 빈, 즉 부실(不實)하면 열매일 수 없다. 여기서 '본질, 정성, 바탕, 실천하여 책임을 다하다, 밝히다'의 뜻으로 확장된다. 휴(虧)는 한쪽 귀퉁이가 줄어들거나 떨어져나간다는 뜻이다. 휴는 모양이 바뀌는(실제로 바뀌는 것은 아니지만 사람이 바라볼 때 초승달, 반달, 보름달처럼 보이는 것을 기준) 달을 나타낼 때 주로 쓴다. 태양은 달처럼 모양이 바뀌지 않고 한결같이 둥근 모습이라는 것을 말한다. 여기서 바뀌지 않는 것은 그 모양이 아니라 정(精)이라고 했다. 정(精)은 태양의 성격을 잘 보여준다. 해가 뜨지 않으면 사람의 하루 생활도 불가능하므로 태양의 성격은 사람 일상의 의미를 해석하는 데 중요한 역할을 한다.

정(精)은 곡식의 대표라고 할 수 있는 쌀(米)의 푸르고 싱싱함(靑)이다. 벼를 찧어 만드는 정미(精米)는 생명의 근원이다. 사람뿐 아니라 만물을 건강하게 성장시키는 기운이다. 정성이요 진실이며 굳셈을 상징한다. 정기(精氣, 생명의 원천), 정력(精力, 활동력), 정미(精微, 정밀하게 자세함), 정성(精誠, 참되고 성실함), 정수(精髓, 핵심이어서 중요함), 정신(精神, 영혼), 정일(精一, 순수하고 한결같음), 정진(精進, 정직하게 노력하여 나아감) 등 정(精)이 들어가는 말은 삶의 올바른 태도와 노력을 잘 나타낸다.

일상의 한결같은 당당함

태양을 나타내는 일(日)의 특징에서 상(常)의 의미가 자연스럽게 나온다. 상(常)은 '떳떳하다, 일정하다, 변함없이 실천하다, 항상, 늘, 언제나' 같은 의미를 담고 있다. 태양의 정(精)을 나타내는 의미이다. 일상의 뜻을 이렇게 이해하면 그냥 되풀이되는 생활이라고 일상을 규정하는 것은 충실(充實)한 풀이가 아니라 부실(不實)한 풀이다. 상(常)은 '尙 + 巾'으로 이루어진 글자로, 본디 '집에서 늘 입는 치마나 속옷'이라는 뜻이다. 尙(상)은 집 모양이고 巾(건)은 천(피륙)으로 덮어 가리다(입다)의 뜻이다.

일상은 해(태양)와 잠시도 떨어지거나 분리될 수 없다. 해가 없어지면 그 순간 지구촌의 모든 일상도 중단된다. 지구는 어떤 생물도 살 수 없는 차가운 돌덩어리가 될 것이다. 태양은 한결같이 자신의 떳떳하고 밝은 빛을 지구에 선물해준다. 그래서 사람의 일상이 비로소 가능한 바탕이 마련된다. 태양이 일상의 존재 근거라면 태양의 덕목인 실(實)과 정(精)을 본받아 한결같이 실천하는 태도와 노력이 사람의 실(實)과 정(精)이 아닐까.

태양은 한결같이 지구에 자신의 떳떳하고 당당한 밝은 빛을 제공하는데 사람이 그 일상의 덕(德)을 단순하게 되풀이하는 것처럼 받아들인다면 이는 태양을 마주하는 올바른 태도가 아니다. 삶의 일상은 태양과 나란히 연결되어 한결같이 당당하게 삶의 가치를 새롭게 가꿀 때 진정한 일상의 의미를 실현하는 것이라고 할 수 있다.

동양에서 삶의 가치로 매우 중요하게 여기는 '중용(中庸)'이라는 개념도 이와 같은 일상의 맥락에서 이해할 수 있다. 용(庸)은 상(常)과 의미가 같기 때문이다. 용(庸)과 상(常)은 모두 일상의 평범하면서도 당당하게 떳떳하며 한결같은 모습을 가리킨다. 흔히 "중용을 지켜라"라고 하는 말은 어느 한쪽으로 치우치지 않는 태도를 가리키는 경우에 쓴다. 치우친다는 것은 일상의 당당함에서 벗어나는 뜻으로 이해할 수 있다. 중(中)은 '적중하다, 일치하다, 바르게 하다, 고르게 하다'의 뜻이다. 중용은 일상의 한결같은 당당함에 일치하도록 노력하고, 벗어날 경우에는 다시 돌아와 일상을 바르게 하도록 하는 태도와 노력이라고 할 수 있다.

코로나19가 끝나더라도 다른 감염병이 지구촌을 덮칠 것이라는 전망도 나온다. 이와 같은 분위기 때문인지 공동체의 현재와 미래를 부정적으로 진단하는 내용을 담은 책도 잇따라 출간되고 있다. 코로나19를 계기로 소통이 줄어들고 사람들의 고립이나 외로움이 깊어진다는 진단이 적지 않다.

사람들의 고립을 강조하면서 이를 마치 코로나19 시대를 상징하는 모습으로 단정하는 판단이 정확하지 않을 수 있다. 인류 역사를 어떤 관점에서 바라볼 것인가에는 매우 복잡한 측면이 얽혀 있다. 한동일 바티칸 대법원 변호사는 「더 나은 삶으로 향하는 인간의 역사」라는 제목의 칼럼(동아일보 2021년 1월 1일자)에서 "학자들과 전문가들은 코로나 이후의 세계가 어떻게 변화할지 다양한 예측과 분석을 내놓고 있지만, 분명한 것은 더 나은 곳, 더 나은 삶을 향해 나아가고자 하는 인간의 바람만은 변함이 없다는 것이다. 그 덕분에 인간은 역사 속에서 수많은 팬데믹을 극복해왔다"라고 말했다. 코로나19는 일상의 단절이나 회복이라기보다는 굳세고 떳떳한 태양의 당당함을 어떤 상황에서도 잃지 않는 삶의 지탱이요, 지속이며 진보라고 할 수 있다.

일상 중용은 항상성(호메오스타시스)

일상을 이야기하면 '매일(每日)'이라는 말이 떠오른다. 매일이라고 하면 '하루하루마다'라는 풀이처럼 그냥 같은 날이 반복된다는 느낌을 받기 쉽다. 매(每)는 갑골문에 '머리에 비녀를 꽂은 여자의 모습'을 나타낸다. 허신(『설문해자』의 저자)은 이를 "초목이 왕성하여 땅 위로 나오는 모양(艸盛上出也. 초성상출야.)"이라고 풀이한다. 나는 허신이 왜 이런 의미를 매(每)에 담았는지 궁금했다. 그는 하늘을 뜻하는 건(乾)을 '땅 위로 나오는 모양(上出也. 상출야.)'라고 풀이한다. 이를 비교하면서 허신이 매(每)는 일상의 단순한 반복이 아니라 하루하루 태양의 굳센 모습을 드러내는 의미를 담으려고 한 것은 아닐까 생각하게 되었다. 이는 사람이 환경 변화에 당당하게 대응하면서 적응하는 능력인 항상성(恒常性, 호메오스타시스, homeostasis)이라고 할 수 있다. 하늘을 뜻하는 건(乾)은 『주역』의 첫 번째인 건괘(乾卦)로서 의미가 특별하다.

7년 동안 국토가 짓밟힌 임진왜란을 이겨내는 데 불굴의 역량을 발휘한 서애 류성룡. 그의 징비(懲毖) 정신을 지탱한 자세는 '사중구생(死中求生, 죽을 상황에서도 살아날 길을 찾는 의지)'이라고 할 수 있다. "지금 일이 돌아가는 형편은 하루하루 위급합니다. 빨리 대책을 결정하여 죽을 상황에서 살아날 길을 찾아야 합니다", "지금 나라의 형편은 나날이 급박합니다. 우리 처지에서 충분히 현실을 파악하여 죽을 상황에서 살아날 길을 찾는 대책을 세워야 합니다"처럼 서애가 선조 임금에게 올린 말 속에서 그의 절실한 사중구생 의지를 잘 느낄 수 있다. 서애가 보여주는 사중구생의 의지와 노력은 아무리 어려운 상황에서도 태양을 닮은 당당함을 지키는 좋은 사례라고 본다.

나는 '일상(日常)'을 말할 때면 '왜 월상(月常)이라는 개념은 없을까' 하는 생각이 든다. 국어사전과 한자사전에 달의 모양을 뜻하는 '월상(月像, 月相)'은 있지만 월상(月常)은 없다. 또 해는 '태양(太陽)'과 함께 써 익숙하지만 달을 뜻하는 '태음(太陰)'이라는 말은 별로 쓰지 않는다.

이는 지구가 태양의 주위를 돌고 달은 지구 주위를 돌기 때문에 달보다는 태양을 중심에 두는 생각에서 비롯된 것이 아닐까 싶다. 지구 입장에서 볼 때 태양은 달보다 훨씬 중요하지만 태양은 태양대로 은하 궤도를 부지런히 돌고 돈다. 태양의 공전 속도는 1초에 200킬로미터가량이어서 지구의 공전 속도(1초에 30킬로미터)보다 7배 정도 빠르다. 태양, 지구, 달은 각각 한결같이 성실하게 자전과 공전을 하면서 질서를 유지한다는 점에서 이들은 수직적 상하관계라기보다는 수평적 대등관계이다.

동양의 인생관, 세계관, 우주관에서 해와 달, 즉 일월(日月)은 서로 뗄 수 없다. 일월은 하늘과 땅, 즉 건곤(乾坤)과 짝을 이룬다. 이는 음양(陰陽)이라는 생성과 변화의 원리로 작용한다는 관점이 뿌리 깊은 문화를 이룬다. '해와 달은 사사롭게 비추지 않는다(日月無私照. 일월무사조.)', '해와 달과 같은 밝음(日月之明. 일월지명.)'같은 표현에서 알 수 있듯이 해와 달은 짝을 이뤄 인간의 삶에 공정(公正, 공평하고 올바름)이나 지혜의 상징으로 쓰인다. 일상이라는 말과 나란히 월상(月常)이 쓰이고 태양이라는 말과 나란히 태음(太陰)이 쓰여 달이 해(태양)와 대등한 느낌으로 다가오도록 하면 좋으리라.

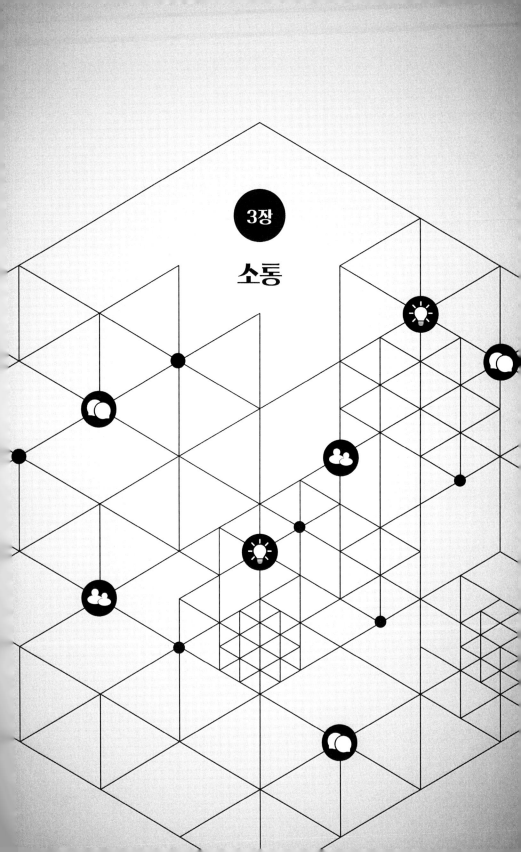

3장

소통

소통(疏通, communication) - 생명의 교감

소통:

막히지 않고 잘 통함. 뜻이 서로 통하여 오해가 없음

- 표준국어대사전

'소통 부재가 만든 불협화음', '소통 부족', '소통 확대', '대통령부터 소통 리더십을 발휘해야', '밀착 소통', '소통 능력이 최고 리더십'.

소통, 그리고 그것과 짝을 이루는 공감은 지금 세상에서 가장 많이 쓰는 말이라고 해도 지나치지 않을 정도다. 석기시대 사람들에게도 소통과 공감은 생활에서 매우 중요했으리라 짐작된다. 그런 말을 하지 않더라도 함께 사냥을 효과적으로 하려면 서로 소통하고 공감하면서 협력해야 했을 것이기 때문이다. 지금 시대는 사람들의 생활이 이전보다 많이 복잡하고 다양해지면서 소통, 공감, 협력이 어려워진 측면이 있다. 그래서일 테지만 개인 생활에서부터 기업과 소비자, 정부와 국민, 세대와 세대 등 모든 인간관계에서 소통과 공감을 강조한다.

매스미디어에서 소통과 공감이라는 말을 접할 때마다 나는 '얼마나 소통이 절실하고 잘되지 않아 이렇게 강조할까' 하는 생각이 든다. 소통이 잘되면 구태여 소통과 공감이 중요하다고 강조할 필요가 없기 때문이다. 개인이든 사회든, 세상이든 통하지 않고 막히면 병(病)이 되고 갈등이 되고 대립이 되고 싸움이 되는 이치는 예나 지금이나 마찬가지일 것이다. 몸에도 피가 잘 돌지 못하고 막히면 병이 생긴다는 불통즉병(不通則病)이라는 간단한 이치가 이를 증명한다.

빅카인즈(한국언론진흥재단 뉴스검색빅데이터)에 따르면 소통이라는 말은 최근 10년(2011년 1월~2021년 12월) 국내 매스미디어에 117만 9,451건 등장했다. 소통이 그만큼 중요하다는 것을 보여준다. 소통 또는 불통과 연관지을 수 있는 사자성어인 적반하장(잘못한 사람이 잘못이 없는 사람을 나무람)은 1만 6,927건, 자화자찬(자기 일을 스스로 자랑함) 1만 4,713건, 역지사지(다른 사람과 처지를 바꾸어 생각함) 1만 2,106건, 혹세무민(세상을 어지럽히고 사람들을 속임) 2,643건, 견강부회(이치에 맞지 않는 말을 억지로 끌어붙여 자기에게 유리하게 함) 2,137건, 표리부동(드러난 행동과 속으로 가지는 생각이 다름) 2,006건, 아전인수(자기에게만 이롭게 되도록 생각하거나 행동함)는 6,646건, 이전투구(진흙탕 싸움. 자기의 이익을 위해 비열하게 다툼)는 8,234건이었다.

또 내로남불(남이 할 때는 비난하던 행위를 자신이 할 때는 합리화하는 태도)은 1만 3,068건 등장했다. 2015년 9건으로 시작해 2017년 1,058건, 2019년 1,961건, 2020년 2,406건, 2021년 6,734건으로 크게 늘어나는 추세를 뚜렷하게 보여준다. 막말(상대방에 대한 배려 없이 함부로 하는 말)은 8만 8,082건이 등장했다. 편가르기와 갈라치기는 9,927건 등장했다. 갈등과 분열이라는 말은 매년 10만 건 정도 쓰여 모두 112만 9,969건 등장했다. 이런 표현들은 소통과 거리가 먼, 지금의 현상을 보여준다.

문제는 소통이란 무엇이고 왜 소통이 잘되지 않는가에 대한 고민이다. '소통이란 막히지 않고 잘 통하는 것이다'라는 표현은 소통이라는 개념에 그 뜻이 들어 있는 분석명제이므로 우리의 생각을 확장하지 못한다. 나는 소통과 공감을 강조하는 글이나 말을 접할 때마다 이런 점이 아쉬웠다. 소통이 잘되면 여러모로 좋다는 것은 누구나 안다. 소통은 협력에 따른 이익을 낳고 불통은 대립에 따른 손해를 낳는다.

그렇지만 자기 자신의 이해관계를 기준으로 소통과 공감을 저울질하는 경우가 많다. 자기에게 이로운 사람이나 현실에 대해서는 소통과 공감이 잘된다고 느끼거나 평가하고, 그렇지 못하면 불통이라고 하는 식이다. 서로 이렇게 생각하고 판단해버리면 나의 소통은 다른 사람의 불통이 되고 갈등과 대립으로 이어진다. 나의 뜻에 잘 따르면 소통이고 따르지 않으면 불통이라는 식이다. 이는 소통과 공감이라는 좋은 말을 악용하여 강요하는 폭력이나 다름없다. 어떤 사람이 구체적인 사정을 잘 모르는 제3자에게 "A라는 사람은 소통이 안된다" 하는 식으로 말하면 제3자는 A의 사람됨을 부정적 이미지로 인식할 수 있다.

개인이든 사회든 소통이 잘 안되면 신뢰를 기대하기 어렵다. 개인이나 사회에 불통(不通)으로 인한 불신(不信)이 쌓이면 대립, 갈등, 분열, 비협력 등 모든 부정적 요인들이 뒤엉켜 무슨 일이든 제대로 추진되기 어렵다. 개인적으로는 인간관계가 멀어지고 기업은 소비자의 외면을 받을 것이며 정부는 국민의 지지를 기대하기 어렵다.

이 어려운 문제의 출구를 어떻게 찾아야 할까? 나는 소통과 공감이라는 말의 의미를 더 깊이 살펴보는 데서 실마리를 찾으려고 한다. 개념의 의미를 새롭게 하여 이해하면 그 말을 쓰면서 좀 더 사려깊은 태도를 가질 것으로 기대할 수 있기 때문이다. 행동은 생각이나 이해의 시각(관점)이 어떤지에 따라 다르게 나타나므로 생각의 알맹이인 개념 이해는 실용적 가치가 있다.

소통은 생명의 탄생 과정

소(疏)는 疋(필)과 㐬(유)가 결합된 말이다. 疋은 발이나 다리를 나타내는 足(족)의 뜻이다. 㐬는 자식을 나타내는 子(자)의 옛 글자인 '𠫓'이 거꾸로 된 모양이다. 그 의미를 종합하면 소(疏)는 어머니의 뱃속에서 아이가 태어나려고 문이 열리고 발이 움직이는 모습이다. 소(疏)가 막히지 않고 트인다는 의미는 이와 같은 뜻에서 비롯된다. 疏는 생명의 탄생을 나타낸다.

『설문해자』는 疏를 '通(통)'이라고 풀이한다. 소통에서 소와 통이 같은 의미라면 통(通)은 무엇인가? 『설문해자』는 통(通)을 '達(달)'이라고 풀이한다. 達은 '통하다, 도달하다, 환하게 알다, 이루다, 능숙하다, 드러내다, 마땅하다'의 뜻이다. 達의 㚔는 '夅, 㚔(달)'인데, 사람이 어린 양을 돌본다는 의미다. 통(通)과 달(達)에 공통적으로 들어 있는 '辶(착)'은 천천히 걸어가거나 일을 한다는 뜻이다. 서두르지 않고 자연스럽게 어린 양을 돌보는 의미다.

소통은 생명의 탄생 과정을 품고 있는 의미이므로 억지로, 일방적으로, 강압적으로 급하게 생명을 다룰 수는 없다. 소통을 통한다는 의미로 이해하는 것과 생명의 탄생 과정으로 이해하는 것은 큰 차이가 있다.

공감(共感)의 사전 풀이는 '남의 감정, 의견, 주장 따위에 대하여 자기도 그렇다고 느끼는 것이다. 이 또한 공감이라는 말을 분석하면 나오는 뜻이므로 우리의 생각을 넓히지 못한다. 공(共)은 동(同)과 같은 말인데, 같게 한다는 의미다. 감(感)은 '느낌이 통하다, 마음이 움직이다, 고맙게 여기다'의 뜻이다.

감(感)의 의미는 더 구체적으로 살펴볼 필요가 있다. 感은 咸(함)과 心(심)이 결합된 말이다. 咸은 '모두, 남김없이, 널리 미치다, 부드러워지다, 가득 차다'의 뜻이다.

이런 함(咸)과 감(感)의 의미와 가치를 깊이 보여주는 내용은 『주역』의 함괘(咸卦)이다. 『주역』을 구성하는 64괘 중에서 소통과 공감의 소중함을 세밀하게 보여주는 괘이기 때문이다. 64괘는 우주 자연의 상징으로 하늘과 땅을 가리키는 건곤(乾坤)으로 시작한다. 『주역』 64괘가 말하는 것은 우주적 질서 자체가 아니라 그것을 바탕으로 사람이 본받아야 할 삶의 질서를 말한다. 『주역』은 내용상 1괘~30괘, 31괘~64괘의 두 부분으로 나눠지는데, 31괘가 함괘이다. 32괘는 항괘(恒卦)이다. 건괘(하늘)와 곤괘(땅)가 『주역』의 문을 여는 으뜸괘라면 함괘(咸卦, 감응 또는 교감)와 항괘(恒卦, 인간관계의 영속성)는 건곤괘를 삶에 적용하는 새로운 시작을 알리는 괘이다. 『주역』에는 건곤괘와 함항괘라는 두 가지 시작이 있는 셈이다.

건곤이 우주 자연의 질서를 상징한다면 함항괘는 삶의 기본적인 질서를 상징한다고 볼 수 있다. 하늘과 땅이 있은 다음에 사람(남자와 여자)이 있고, 사람은 부부를 통해 모든 인간관계를 시작함을 건곤함항괘가 보여준다.

『주역』에서 함(咸)은 '감(感)'이다. 그렇다면 함괘가 아닌 감괘(感卦)라고 하면 될 텐데 왜 함괘라고 한 것일까? 여기에 대해서는 사람 관계, 특히 기본이 되는 올바른 남녀 관계의 시작에는 사사로운 마음이 끼어들어서는 안 된다는 의미가 들어 있다는 게 전통적 해석이다. 무심(無心)한 태도로 남자는 여자를, 여자는 남자를 받아들이는 차원이어야 한다는 의미다. 그래서 함괘의 첫 구절은 "함괘는 잘 통한다. 바르게 해야 이롭다(咸亨, 利貞. 함형, 이정.)"이다. 사람끼리 교감하고 감응하려면 올바름에 바탕을 두지 않으면 결코 통할 수 없다는 차원을 강조한다. 하늘과 땅의 기운이 만나는 교감(交感)을 통해 만물이 생성되는 모습을 사람도 본받아야 한다는 이치를 말한다.

하늘과 땅의 교감에는 사사로움이 없다는 점이 가장 중요하다. 괘를 말하는 첫 부분을 "엄지발가락에서 느낀다(咸其拇. 함기무.)"라고 했다. 이는 몸에서 가장 끝에 있는 부분에서부터 교감을 시작한다는 매우 신중한 모습을 보여준다. "바르게 해야 좋고 뉘우칠 일이 없다. 그렇지만 사사로운 마음을 가지고 교묘하면 주변의 몇몇 사람만이 따를 것이다(貞吉, 悔亡. 憧憧往來, 朋從爾思. 정길, 회망. 동동왕래, 붕종이사.)"라는 구절도 깊은 여운을 남긴다. 여기서 '동동(憧憧)'은 마음을 정하지 못하고 왔다갔다하는 계산적인 태도를 가리킨다. 그런 태도를 갖고 사람을 대하면 자신과 친한 주변의 몇몇 사람들 이외에는 소통과 공감은 매우 어렵다는 상황을 보여준다. 『설문해자』는 감(感)을 "사람의 마음을 움직이게 하는 것이다(動人心也. 동인심야.)"라고 설명하는데, 간결한 함축적 의미가 잘 와닿는다.

'건곤감리'보다 '건곤함항'

항괘(恒卦)는 함괘를 이어받아 신중하고 책임 있게 이룬 인간관계를 지속시키는 문제를 다룬다. 교감을 통해 올바른 인간관계를 만드는 일도 매우 신중해야 하지만 그렇게 쌓은 올바른 관계가 쉽게 무너지지 않도록 관리하는 일도 매우 중요하다. 항괘도 하늘과 땅의 한결같은 움직임을 본받아 인간관계를 한결같이 가꾸는 당위성을 강조한다. 그래서 "함괘는 한결같이 오래도록 이어가는 것이다(恒, 久也. 항, 구야.)"라고 말한다. 하늘과 땅의 모습이 그렇기 때문이다. 먼저 인간관계에서 소통과 교감이 이루어지지 않으면 오래 지속할 것도 없다. 소통과 공감이 이루어지더라도 지속하지 못하면 의미가 없다. 이런 사정에서 함괘와 항괘는 건괘와 곤괘처럼 서로 맞물려 있다고 볼 수 있다.

나는 우리나라 태극기(太極旗)에 들어 있는 네 가지 괘를 바꿨으면 하는 생각이 들곤 했다. 태극기에 있는 괘는 '건곤감리'다. 초등학생 때부터 배우는 내용이므로 태극기 하면 건곤감리를 떠올리는 경우가 많다. 『주역』 64괘의 기본은 8괘(건·태·이·진·손·감·간·곤)인데, 이 중에서 태극기에 4개가 들어 있다. 태극기의 탄생 과정을 보면 급하게 만들어진 상황이 엿보인다. 「태극기의 내력과 담긴 뜻」이라는 공식 자료(행정안전부 홈페이지)에는 "1882년 박영효가 고종의 명을 받아 일본으로 가던 선상(배)에서 태극 문양과 그 둘레에 8괘 대신 건곤감리 4괘를 그려넣은 기를 만들어 사용했다. 고종은 1883년 3월 왕명으로 이 '태극 및 4 괘 도안'의 태극기를 국기(國旗)로 제정, 공포하였다"라고 밝히고 있다. 박영효(1861-1939)는 갑신정변(1884)을 주도한 인물이다.

정확한 이유는 알기 어렵지만 8괘를 모두 넣으면 국기가 너무 복잡 해서 4개로 줄인 것이 아닌가 짐작된다. 건곤은 핵심 괘이므로 마땅히 들어가야 하겠지만 감괘(坎卦)와 이괘(離卦)를 넣은 것은 특별한 의미가 없다. 감괘는 물을, 이괘는 불을 상징한다. 손괘는 바람을, 간괘는 산 을 상징한다. 물이나 불이 바람이나 산에 비해 특별한 의미가 있다고 하기 어렵다. 건곤감리는 하늘, 땅, 물, 불을 가리키는데 모두 우주 자 연의 요소일 뿐 삶(사람의 일)에 관련된 상징은 아니다. 박영효가 태극 기를 디자인할 때 태극 문양 둘레에 들어가는 괘에 대해 면밀한 검토 를 하지 못했을 수 있다.

태극기에 들어갈 4가지 괘를 선정할 때 건괘와 곤괘에 이어 나머지 두 개는 함괘와 항괘를 선정했더라면 어떨까. 이는 하늘과 땅이라는 천문(天文)에 올바른 인간관계라는 인문(人文)을 어울리게 하는 모습을 보여주는 점에서 건곤감리보다 의미를 깊게 할 수 있을 것이다.

건곤감리를 건곤함항으로 바꿀 수는 없지만 감괘와 이괘의 뜻은 보 완할 필요가 있다. 밝고 순수하고 평화를 사랑하며 우주 만물의 조화 를 나타낸다는 것이 태극기가 가진 의미에 대한 대체적인 설명이다. 감 괘가 상징하는 물과 이괘가 상징하는 불은 조화와 상생(相生)이 아니라 대립과 상극(相剋)을 나타낸다. 음양오행의 원리를 설명할 때 '수극화(水 剋火)'라고 하는데, 이는 물은 불을 이기고 억제한다는 의미다. 넓게 보 면 이것도 물과 불의 조화라고 할 수 있지만 일상적 맥락에서 볼 때 물과 불은 조화보다는 대립이나 충돌이라는 의미가 강하다.

『주역』 감괘(29번째)는 물을 나타내지만 그 상징적 의미는 마시는 물이 아니라 '위험', '어려움', '곤경'을 나타낸다. 그것도 매우 위험한 상황을 의미한다. 감괘에 이어 나오는 이괘(30번째)는 그냥 불을 상징하는 게 아니라 감괘의 어려움을 유연한 자세로 이겨내는 지혜를 나타낸다. 이렇게 이해하면 건곤감리는 그저 하늘과 땅, 물과 불을 상징하는 게 아니다. 그렇게 이해하면 건곤감리를 우리 민족의 삶과 연결하기 어렵다. 건곤감리는 한결같이 굳건하여 사사로움이 없는 하늘과 땅을 본받아 어려운 상황을 지혜롭게 이겨낸다는 의미로 풀이할 수 있다. 어려운 상황을 이겨내기 위해서는 사람들이 서로 의지할 수 있도록 부드럽게 소통하는 차원에 닿는다.

소통과 공감을 생각하면서 이와 같은 성찰을 해보면 소통이라는 말은 쉽게 또는 함부로 입에 올리기 어려운 생명의 단어라는 느낌이 든다. 생명을 잉태한 임신부를 보거나 만나면 매우 조심하게 되는 것과 다를 바 없다. 소통과 공감이 잘되지 않는다고 걱정하는 데는 소통이라는 말의 의미를 좁고 가볍게 쓰기 때문인 것도 한 가지 원인이라고 할 수 있다.

소통은 지혜로 들어가는 문

소통은 여러 가지 방식으로 할 수 있지만 말(언어)로 하는 경우가 많다. 소통을 위해 말을 어떻게 해야 바람직한지에 대해 많은 이론과 주장이 있다. 『한시외전(전한시대 문헌)』에 공자의 말(孔子曰. 공자왈)로 다음과 같은 기록이 있다. 『논어』에 나오는 공자의 말과는 분위기 차이가 느껴지지만 내용은 음미할 가치가 있다.

"말하는 방법이 있다. 가지런한 자세로 정중하게 뜻을 명확하게 한다. 바른 태도로 정성스럽고 분별 있게 한다. 굳세고 힘찬 모습으로 말을 함으로써 상대방이 내용을 기대할 수 있도록 한다. 적절한 비유를 써서 뜻을 깨닫도록 한다. 분석을 분명하게 해서 의미가 잘 드러나도록 한다. 즐겁고 향기로운 분위기로 뜻을 드러낸다. 주고받는 말을 귀중하고 소중하게 여긴다. 이렇게 하면 말이 한결같아 실천하지 못하는 경우가 없다."

프레임(frame) 연구로 널리 알려진 인지언어학자 레이코프(Lakoff) 교수는 『코끼리는 생각하지 마』, 『이기는 프레임』 등 저술을 통해 프레임(현실을 인식하는 방식)이 삶을 지배한다는 주장을 편다. 프레임이라는 말을 쓰지 않더라도 사람들은 자신의 가치관이나 신념의 틀에 따라 세상을 인식하고 판단한다. 이런 점을 보면 레이코프의 프레임 이론이 특별히 새로운 것은 아니다. 내가 레이코프의 책을 읽으면서 느낀 점은 프레임이 작동하는 데 결국 소통의 문제가 놓여 있다고 하는 부분이다. 아무리 프레임이 명확하고 그럴듯해도 상대방이 듣지 않으면 효과를 발휘할 수 없기 때문이다. 그래서 레이코프 교수는 『코끼리는 생각하지 마』에서 다음과 같이 말한다.

"상대방을 존중하지 않으면 아무도 우리의 말을 듣지 않을 것이다. 상대방 말을 경청하라. 그들의 말에 한마디도 동의할 수 없더라도 그들이 무슨 말을 하는지는 알아야 한다. 진정성을 보여라. 비열한 언행을 삼가라. 소리 지르면서 싸우는 것을 삼가라. 침착하라. 피해자처럼 행동하지 마라. 듣는 사람이 나(우리)에게 동의하지 않더라도 최소한 진지하게 경청할 상대로서 존중하도록 만들어야 한다."

프레임을 바꾸고 재구성하는 것은 일상에서도 정치 영역에서도 매우 중요하지만 결국 그런 프레임이 통하려면 긍정이든 부정이든 최소한 자신의 말에 귀를 기울이는 분위기가 없으면 실패한다는 의미다.

레이코프의 이와 같은 주장은 인지언어학의 연구로 새롭게 등장한 것이 아니다. 수사학(修辭學)을 체계적으로 연구한 아리스토텔레스와 키케로의 주장도 이와 다르지 않다. 이들은 수사(레토릭)의 성공, 즉 설득이 가능하려면 자신의 말(연설)을 듣는 사람들이 귀를 기울이고 싶은 마음 상태를 만드는 것이 중요하다고 강조한다. 사람들은 자신의 감정 상태가 괴로울 때, 슬플 때, 좋아할 때, 미워할 때에 따라 다른 판단을 하기 때문이다. 아리스토텔레스는 『수사학』에서 "말하는 사람에게 호감이 가고 신뢰가 생기면 그의 말이 사실이든 아니든 사실이라고 믿는다"라고 했다. 듣는 사람은 말하는 사람을 통해 호감, 동정, 연민, 분노, 미움, 투쟁심 같은 감정을 일으킨다. 이런 감정은 말하는 사람과 그 말의 내용을 판단하는 데 결정적인 영향을 미친다. 고대 로마의 정치가이자 철학자인 키케로도 『수사학』에서 "듣는 사람이 어떤 말을 듣고 저울질을 하면서 어떤 판단을 내릴 것인지를 기준으로 말을 조절해야 호감과 신뢰로 마음을 움직일 수 있다"라고 했다.

자신이 상대방의 말에 귀를 기울이고 있다는 수용적 자세(receptiveness)를 보여주는 것은 소통에 도움이 될 수 있다. 줄리아 민슨 하버드 케네디행정대학원 교수와 프란체스카 지노 하버드경영대학원 교수는 이와 같은 수용적 자세에 대해 "그렇군요"라는 뜻을 가진 "I HEAR you"를 슬로건처럼 만들었다(동아일보 미래전략연구소 발행 「하버드 비즈니스 리뷰」 2022년 3·4월호). '듣다'의 뜻인 'hear'를 활용했다. 구체적인 내용은 △내 주장을 상대방에게 완곡하게(부드럽게) 표현한다(Hedge your claim). △동의를 강조한다(Emphasize agreement). △다른 관점을 인정한다(Acknowledge other perspective). △긍정적인 방향으로 재구성한다(Reframe in positive terms)이다. 이는 왜 상대방이 자신과 다른 생각이나 의견을 가지고 있는지, 이를 어떻게 받아들이면 좋을지 생각하는 태도에 효과적이라고 이들은 주장한다. 다른 입장을 가진 사람들을 어리석다며 무시해버리는 태도를 막기 위해서는 의도적으로 이런 'HEAR'를 통해 소통하고 협력할 필요가 있다는 뜻이다.

수사(修辭, 레토릭)는 말을 형식적으로(겉으로) 보기 좋고 듣기 좋게 꾸미는 기술처럼 여기는 경향이 있다. 나는 수사를 수신(修身)이나 수기

(修己)의 구체적인 내용으로서 인격이나 인품을 가꾸는 핵심 역량이라고 생각한다. 몸을 닦아 인격을 향상시키는 수신이나 수기, 수양(修養)은 언어를 떠날 수 없기 때문이다. 말의 수준이 삶의 수준이다. 키케로는 수사학이 지혜(sophia)에 대한 통찰인 철학을 떠나서는 안 된다는 관점을 강조하는데, 수사는 수신(수기, 수양)의 상태를 드러내는 표현이라고 할 수 있다. 하이데거는 『존재와 시간』에서 인간 존재(실존)의 조건으로 언어를 말하면서 바르게 하는 이야기(Rede)와 함부로 지껄이는 말(Gerede)을 구분한다. 함부로 하는 말(빈말, 거짓말, 공허한 말)을 하는 사람(존재)은 자신과 공동체의 근원을 없애 스스로 단절되는 상태라고 하는데, 소통의 의미와 관련해 음미할 가치가 있다.

유학자 의사인 동무 이제마(1838-1900)는 그의 『동의수세보원』에서 사람의 체질을 태양인, 태음인, 소양인, 소음인으로 구분한다. 나는 이 책을 읽고 동무가 좁고 작은 사람의 네 가지 유형으로 꼽는 '비인(鄙人), 나인(懦人), 박인(薄人), 탐인(貪人)'이라는 구분이 사상체질론보다 더 중요하다는 생각을 했다. 체질에서 생기는 질병은 작은 병(小病, 소병)이지만 비인 등은 세상을 어지럽히는 큰 병(大病, 대병)이기 때문이다. 비인 등은 자신뿐 아니라 다른 사람과의 소통과 공감도 하기 어렵다. 이는 건강(壽, 수)하지 못한 사람됨이다. 동무는 「장부론(臟腑論)」에서 다음과 같이 말한다.

"귀는 반드시 멀리 들어야 하고, 눈은 반드시 크게 보아야 하고, 코는 반드시 넓게 맡아야 하며, 입은 반드시 깊이 맛봐야 한다. 이목구비(耳目口鼻)의 작용이 이렇게 깊고 멀고 넓고 크면 정신과 기운과 피가 잘 생기고, 이것이 얕고 가깝고 좁고 작으면 반대로 정신과 기운과 피가 줄어든다."

몸의 건강을 위해 소통과 공감이 꼭 필요하다는 의미라고 할 수 있다. 일상에서 흔히 "총명하다"라고 하면 영리하여 똑똑하고 재주가 있다는 뜻으로 쓴다. 총명(聰明)의 본디 의미는 동무의 말처럼 듣고 보는 것이 넓고 깊다는 뜻이다. 총(聰)은 듣는다는 뜻의 청(聽)과 통한다. '聽'은 그냥 단순히 듣는다는 의미가 아니라 자세히 살펴 듣고 판단한다는 의미다. 『설문해자』는 총(聰)을 '察也(찰야)', 즉 '자세히 살피는 것이다'라고 풀이한다. 자세히 살펴 듣고 판단하려면 대충 들어서는 안 된다. 『서경』의 「순전」에는 순(舜)임금의 덕을 말하면서 '명사목, 달사총(明四目, 達四聰)'이라고 했다. 상황을 자세히 살피면서 보고 듣는 것을 밝게 했다는 뜻이다. 총명은 소통 역량이다.

누구나 자기가 하는 말에 다른 사람이 귀를 기울여주기를 바라고, 자신도 다른 사람의 언행을 잘 살피고 싶어 할 것이다. 그럼에도 이런 일이 쉽지 않은 이유는 자기 자신을 먼저 비우는 태도의 여백(餘白)이 부족하기 때문이 아닐까 싶다. 소크라테스와 공자가 오랫동안 많은 사람들에게 깊은 여운을 주는 이유도 이와 같은 맥락이라고 본다. 소크라테스는 『해명(Apology)』에서 "나는 모르는 것을 모른다고 생각하는 바로 그 작은 측면(in just this one small respect)에서 내가 그 사람보다 더 지혜롭다고 생각했다"라고 말한다. 무지(無知)의 자각이다. 어떤 분야에서 최고라고 자부하는 사람들을 찾아가 대화를 나눠보니 실제로는 제대로 알지 못하더라는 게 소크라테스의 평가였다. 소크라테스는 이와 같은 태도 때문에 아테네 사람들의 미움을 받아 재판에 넘겨져 사형됐지만 오늘날까지 인류의 가슴에 살아 있다.

공자도 마찬가지다. 그는 『논어』의 「자한」 편에서 "내가 아는 게 있는가? 나는 잘 모른다(無知也. 무지야.)"라고 했으며, 또 「위정」 편에서는

"아는 것은 안다고, 모르는 것은 모른다고 하는 태도도 중요한 앎이다" 라고 했다. 이는 앎과 무지를 마주하는 윤리적 태도를 말한다. 무엇을 아는 것과 모르는 것은 매우 어려운 문제이므로, 비움(虛, 허)이라는 내면의 공간인 여백 같은 이런 태도가 자기 자신에게 먼저 있어야 한다는 의미이다. 소크라테스는 이와 같은 태도를 '영혼을 잘 돌보는 일(care of soul)'이라고 했다.

조선시대 퇴계 이황이 일상에서 보여준 태도에서도 소통의 깊은 뜻을 느낄 수 있다. 퇴계 사후에 편찬한『퇴계선생언행록』은 제자들이 평소 퇴계가 보인 언행을 기록한 문헌이다. 나는 언행록을 읽으면서 다음과 같은 기록은 소통과 관련해 음미하면 좋겠다는 생각이 들었다. 퇴계를 곁에서 모신 학봉 김성일의 기록이다.

○ 대화를 할 때는 반드시 상대방의 말이 끝난 다음에 천천히 이를 분석하였으나 자신의 판단이 꼭 옳다고 하지는 않았다. 다만 "내 생각은 이러한데 어떨지 모르겠다"라고 했다.
○ 누가 무엇을 물으면 사소한 내용이라도 반드시 잠깐 마음에 두어 생각해보고 대답하였다. 묻자마자 대답하는 경우는 없었다.
○ 제자들을 벗처럼 마주했다. 이름 대신 '너(자네)' 같은 호칭을 쓰지 않았다. 맞이하고 보낼 때는 공경하는 자세를 잃지 않았다. 자리에 앉으면 반드시 먼저 부모형제의 안부를 물었다.

경청(傾聽)보다 인청(忍聽)과 겸청(兼聽)

스승과 제자, 선배와 후배, 부모와 자식, 정부와 국민 등 어떤 관계에서도 이와 같은 공경의 정서와 분위기가 흐르면 소통과 공감은 자연스럽게 스며들 것이다. '역린(逆鱗, 용의 턱 아래 거꾸로 난 비늘)'은 국어사전에 '임금의 분노(노여움)'를 비유한다고 풀이하지만 이는 좁은 설명이다. 역린은 누구에게나 있기 때문이다. 누구나 꺼리는 마음이나 생각이 있는데, 이는 일종의 역린이다.

역린 이야기는 『한비자』의 「세난(說難, 설득의 어려움)」 편에 나오는데, 임금과 신하의 관계에 한정하지 않는다. 사람들 사이에 설득과 공감은 어려운 일이니 특별한 태도가 필요하다는 주장이다. 한비자는 "설득이 어려운 이유는 상대방의 마음을 살펴서 자신의 생각을 상대방이 마땅하게 여기도록 해야 하기 때문이다"라고 말한다. 이를 위해서는 상대방의 감정에 거슬리지 않도록 말투부터 충분히 주의하여 먼저 친밀해지고 의심을 받지 않도록 한 다음에 자기의 말을 해야 한다는 게 한비자의 생각이다. 아무리 좋은 충고라도 듣는 사람이 기분이 상하거나 거슬리면 효과를 내기 어렵다. 섭족부이(躡足附耳, 살짝 발을 밟고 입을 귀에 댄다는 뜻. 충고를 할 때는 다른 사람이 모르도록 살짝 말하는 것이 효과적이라는 의미) 같은 태도가 필요하다.

북송시대 학자 정이천은 『주역』에 식견이 깊어 이를 풀이한 『역전(易

傳』을 지었다. 정이천은 감괘(坎卦)를 풀이하면서 소통(설득과 공감)을 위한 구체적인 생각을 보여준다. "사람의 마음에는 막히고 가려진 곳(所蔽, 소폐)과 잘 통할 수 있는 밝은 곳(明處, 명처)이 있다. 밝은 곳을 찾아 말을 해야 신뢰가 생기고 순조로워진다"라고 말한다. 교육도 그 사람의 장점, 즉 마음의 밝은 곳부터 살펴야 효과를 거둘 수 있다고 강조한다. 감(坎)은 어려움에 놓인 상황을 어떻게 대처할 것인가를 보여주는 괘이다. 삶에서 가장 큰 어려움은 사람 관계이고 이는 말을 주고받는 행위가 소통이냐 불통이냐에 좌우되는 경우가 많다. 정이천에게 큰 영향을 받은 주자(주희)는 『근사록』을 편집하면서 이 부분을 다뤘다. 삶에서 매우 중요한 측면이라고 판단했기 때문이다.

소통이나 공감과 관련해서 자주 쓰는 말이 경청(傾聽)이다. 상대방의 말에 귀를 기울여 듣는다는 의미로 쓴다. 원칙적으로 바람직한 태도이지만 귀를 기울여 무엇을 듣는다는 행위는 간단한 일이 아니다. 무엇을 듣는다는 행위는 어떤 소리를 귀(耳, ear)라는 청각기관(hearing organ)을 통해 그 의미와 가치 등을 이해하고 알아차리는 것이지 그냥 음성이 들리도록 하는 게 아니다. 무엇을 듣고 이해하는 과정은 귀라는 청각기관에 한정하지 않고, 마음으로, 나아가 몸 전체로 느끼면서 반응하는 복잡한 과정이다. 청(聽)은 그냥 무슨 소리를 수동적으로 듣는 게 아니다. 그런 의미에서 듣는다는 뜻을 나타내는 말은 '문(聞)'이다. 문(門)이라는 글자가 들어 있는 것처럼 문밖에서 무슨 소리가 들리는지 귀를 가까이하는 글자이다.

청(聽)에는 자세히 듣고 살피면서 판단한다는 적극적인 의미가 들어 있다. 문(聞)과 달리 청(聽)에는 귀(耳)와 눈(目), 마음(심장, 心) 같은 글자가 들어 있는 것을 보더라도 그렇다. 청(聽)에서 이(耳) 밑에 있는 '王'처럼 보이는 글자는 '임금 왕'이 아니라 '(壬, 정)'이다. '빼어나다, 밝다, 맑다, 착하다'의 뜻이다. 귀(耳)와 연결하면 듣는 행위가 빼어나고 밝고 맑다는 뜻으로 이해할 수 있다.

경청의 '경(傾)'은 이와 같은 복합적인 들음의 의미를 담아내지 못한다. 경(傾)의 기본 의미는 기울어진다는 동작이다. 경사(傾斜)가 심하다고 표현할 때 그 기울어짐이다. 이는 '기울어져 바르지 않다'라는 의미도 들어 있다. 경국(傾國, 나라를 기울어지게 해서 위태롭게 함), 경위(傾危, 형세가 위태로움), 경탈(傾奪, 서로 다투어 빼앗음) 같은 말에서 이런 뜻을 볼 수 있다. 경향(傾向, tendency)이나 경향성(傾向性)도 우경화, 좌경화 같은 용례에서 보듯이 어느 한쪽으로 치우쳐(기울어져) 바람직하지 않은 어떤 편향(偏向, bias)을 나타낸다.

경(傾)은 '化(화) + 頁(혈)'이 아니라 '人(인) + 頃(경)'으로 구성된 글자이다. 경(頃)은 '匕(비) + 頁(혈)'로 구성된 글자이다. 匕(비)는 날카로운 짧은 칼이나 화살촉, 숟가락을 나타낸다. 頁(혈)은 사람의 머리이다. 그래서 경(傾)은 칼 같은 날카로운 도구로 사람의 머리를 때리는 의미가 들어 있다. 몸을 상대방 쪽으로 기울여 말을 듣는 동작에 그치지 않고 '다투다, 경쟁하다, 다치다, 위태롭다, 내쫓다, 죽다' 같은 의미가 나온다. 경청(傾聽)은 부분적으로, 피상적으로 듣는 측청(側聽)이나 편청(偏聽)이 되기 쉽다. 이와 같은 듣기는 청(聽)이 아니다.

"소통과 공감을 위해서는 상대방의 말을 잘 경청해야 한다"라는 요청은 실천이 쉽지 않다. 상대방의 말을 듣다 보면 짜증이 날 수도 있고 반박하고 부정하고 싶은 충동이 드는 순간도 얼마든지 생긴다. 듣는

척 흉내만 내거나 대충 건성으로 듣게 되는 경우도 있다. 이런 상황이 되면 상대방이 아무리 이야기를 해도 의미가 없다. 듣고 싶은 마음이 사라지기 때문이다. 말이 통하지 않는다면서 오히려 갈등만 더 키우는 결과로 이어질 수 있다. 듣는 내용은 말뿐 아니라 표정이나 마음까지 귀를 기울여야 하는데, 이는 더욱 기대하기 어렵다. 듣는다는 것은 청각기관으로서 귀에 한정되지 않고 몸 전체의 반응이기 때문이다.

'인청(忍聽)'이라는 말이 이런 분열된 경청의 상황을 개선하는 데 도움이 될 수 있다. 대개 '참을 인'으로 읽는 인(忍)은 '刃(인) + 心(심)'으로 구성된 글자이다. 인(刃)은 날카로운 칼날이다. 칼날로 찌르는 것 같은 고통도 견디는 마음가짐이다. 경청이 겉치레로 흐르지 않으려면 이와 같은 인청의 자세가 필요하다. 상대의 말을 들으면서 긍정하든 부정하든, 동의하든 거부하든 그런 판단은 참고 중단하는 태도이다. 감정이나 판단의 흔들림 없이, 성급하게 미리 단정하지 않고 일단 차분하게 듣고 나면 그다음은 훨씬 순조로울 수 있다.

듣는 행위는 일방적일 수 없다. 쌍방향이다. 한쪽이 말을 하고 한쪽이 듣는 게 아니라 서로 무엇인가 반응을 일으키기 때문이다. 말을 하는 것은 동시에 말을 듣는 것이다. 말을 듣는 상대방의 표정이나 느낌을 살피는 것도 듣는 행위이다. 경청(傾聽)을 지나치게 강조하면 이는 일방적인 말의 흐름이 되기 쉽다. 인청(忍聽)은 서로 잘 듣기 위한 기본 자세이다.

이 모든 듣는 행위를 아우르는 말은 '겸청(兼聽)'이라고 할 수 있다. 겸(兼)은 '아울러, 함께, 나란히'의 뜻이다. 일방적이고 아니고 쌍방적이다. 서로 들어야 서로 존중하는 마음도 생긴다. 서로 들어야 이해의 바탕을 넓고 깊게 할 수 있다. '서로 나란히 아울러 들을 수 있어야 밝게 질서가 생긴다'라는 뜻의 '겸청즉명(兼聽則明)'의 차원이다. 겸청은 차분하고 예의바르고 자세하게 귀를 기울이는 경청(敬聽)과 정청(靜聽), 세청(細聽)의 태도에서 가능하다. 겸청은 서로 내면의 깊은 곳에 닿으려는 느낌이 일어나는 감청(感聽)이다.

'귀(耳, 이)'라는 말을 좀 더 생각해본다. 우리말 '귀'는 15세기 문헌에 등장한 이후 지금까지 쓰이고 있는데, 의미를 확장할 만한 내용을 찾기 어렵다. 그럼 '耳'는 어떤가? 이는 사람의 귀 모양을 그린 글자이다. 눈, 코, 입처럼 감각기관의 하나이다. 『설문해자』는 "듣는 중심이다(主聽也. 주청야.)"라는 확장된 의미로 풀이한다. 귀가 머리 양쪽에 붙은 감각기관에 한정되지 않는다는 뜻으로 볼 수 있다.

공자는 자신의 70년 평생을 돌아보며 40대는 불혹(不惑), 50대는 지천명(知天命)이라고 하고 60대는 '이순(耳順)'이라고 표현(『논어』, 「위정」)한다. 나이가 들어도 귀가 노화되지 않고 소리(음성)를 잘 듣는다는 뜻이 아니라 '듣는 게 원만해졌다'라는 의미다. 순(順)은 '川(천) + 頁(혈)'로 구성된 글자이다. 천(川)은 내(물줄기)이고 혈(頁)은 머리이다. 귀, 코, 눈, 입이 있는 머리가 물 흐르듯 자연스럽다는 의미라고 볼 수 있다. 거스르지 않는다는 의미다. 이순(耳順)은 귀를 상징적으로 언급하지만 머리에 있는 눈과 코, 입이라는 감각기관이 복합적으로 작용해 듣고 느끼고 판단하는 모든 인식이 원만(圓滿)해지는, 즉 부드럽고 너그러워져 감정이 순조로운 상태이다. 귀로만 듣는 게 아니라 온몸으로 듣는다. 눈으로만 보는 게 아니라 온몸으로 본다.

기업은 현대 사회의 조직에서 중심 역할을 한다. 기업 내부의 소통(커뮤니케이션)은 공동체의 건전한 발전을 위한 필수적 조건이라고 할 수 있다. 현대 경영학의 창시자로 평가받는 피터 드러커(1909-2005)는 『프로페셔널의 조건』에서 "커뮤니케이션은 지각(perception)이고 기대(expectation)이다"라는 견해를 보인다. 커뮤니케이션은 기대하는 것을 듣는 감각이라는 의미다. 드러커는 "커뮤니케이션에서 가장 중요한 것은 정보가 아니라 경험을 함께 나누는(shared experience) 지각(知覺, 인식 또는 느낌)이다"라고 한다. 이와 같은 관점은 커뮤니케이션을 사람 사이의 수단이 아니라 교감(交感, 마음이 통함)으로 본다는 점에서 깊이가 느껴진다.

나는 소통이라는 말을 듣고 쓸 때마다 '포용'이라는 말이 떠오른다. 'ㅗ'와 'ㅇ'의 발음도 통하고 뜻도 통하기 때문이다. 포용(包容)은 '너그럽게 받아들이는 태도'이다. 포용심(包容心)이나 포용력(包容力)은 소통력(疏通力)과 연결된다. 일(상황)의 여러 측면, 즉 양면성(兩面性)을 포용할 수 있다면 인식이나 판단의 적절함을 이루는 데도 도움이 된다. 양면성을 포용할 수 있다면 무엇을 입체적이고 전체적으로 이해하는 데도 유익하다.

너그럽게 받아들일지 배타적으로 외면할지는 상황과 조건에 따라 다르겠지만 상황이나 조건을 좀 더 깊이 생각해볼 수 있다면 이야기가 달라질 수도 있다. 포용이라는 말에서 '포(包)'의 의미가 중요하다.

포(包)는 어미의 자궁 안에 있는 태아 모습을 그린 글자이다. 여기서 '감싸다, 아우르다, 함께 넣다, 너그럽게 받아들이다, 수풀이 무성하다'의 뜻이 나온다. 새끼를 잉태하는 잉(孕)과 같은 글자이다. 그래서 『설문해자』는 '包'를 "사람이 잉태(임신)한 모습이다(象人裹妊. 상인회임.)"라고 풀이한다. 포용은 잉태이다. 소통은 생명과 영혼의 교감(交感)을 통한 포용이요, 아우름의 섬세한 마음가짐이다.

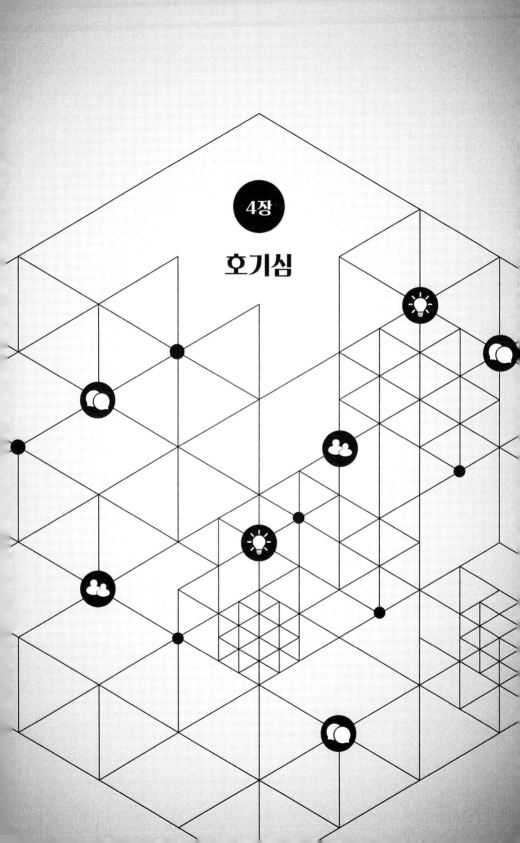

4장

호기심

호기심(好奇心, curiosity) – 아름다움의 추구

호기심:

새롭고 신기한 것을 좋아하거나 모르는 것을 알고 싶어하는 마음

- 표준국어대사전

'호기심을 가져라!', '호기심이 나의 원동력', '아이 같은 호기심', '호기심 자극', '지적(知的) 호기심', '호기심에서 저지른 범죄'.

교육이나 기업 경영을 비롯해 삶을 창조적으로 가꾸는 데 호기심은 가장 중요한 태도나 능력 가운데 하나로 꼽힌다. 호기심을 인재의 핵심 자질로 강조하는 경우가 많다. 어떤 분야에서 성공한 사람들이 매스미디어를 통해 호기심을 성공의 바탕으로 말하는 경우도 자주 본다.

이건희 전 삼성그룹 회장이 별세한 지 1년이 지난 2021년 10월 윤종용 전 삼성전자 부회장은 미디어 인터뷰(매일경제 2021년 10월 22일자)를 통해 이 전 회장의 역량 가운데 하나로 호기심을 강조했다. 인터뷰는 「業(업)의 본질 꿰뚫는 통찰과 호기심… '초일류' 유훈 남긴 이건희」라는 헤드라인으로 보도됐다. 기사에서 윤 전 회장은 "이건희 회장은 다방면으로 호기심이 많았고 집념, 열정, 통찰력이 뛰어났다"라고 말했다.

기업들은 호기심을 인재의 핵심 조건으로 꼽는다. 「삼성·구글·애플

"호기심쟁이 찾습니다"라는 헤드라인으로 보도(조선일보 2018년 10월 12일자)한 내용은 세계적 기업들이 찾는 인재의 공통적인 핵심 역량으로 호기심을 꼽는다는 것이다. 내용을 살펴보면 권오현 삼성전자 회장은 그의 저서 『초격차』에서 "호기심 많은 사람이 최고의 인재"라고 밝혔다고 하면서 "리더는 다른 사람이 시켜서가 아니라 본인 스스로 다양한 분야에 호기심을 갖고 접근하는 사람이어야 한다는 것이 그의 지론이다"라고 소개했다.

또 구글은 인재의 조건으로 '구글다움(Googleyness)'이라는 가치를 강조하는데, 구글다움의 한 가지 조건은 호기심 많은 낙천주의자라고 했다. 애플사의 팀 쿡 최고경영자도 "우리는 패기와 결단력이 있고 또 무엇인가를 벌일 줄 아는, 호기심 넘치는 사람을 찾는다. 현재 상황을 받아들이지 않고 세상을 정말로 바꾸고 싶어 하는 사람을 원한다"라는 말을 소개했다.

노벨물리학상을 수상(2018년)한 제라르 무루 프랑스 에콜폴리테크니크 물리학 교수는 국내 언론과 가진 인터뷰(조선일보 2019년 10월 26일자)에서 호기심을 창의성의 핵심 조건으로 강조했다. 그는 독창적인 연구 성과를 낸 비결로 호기심을 꼽았다고 한다. 무루 교수는 "호기심이 많아 작동 원리 같은 것들이 궁금했다. 상상력이 발휘되면서 성과가 나온 것이다"라고 밝혔다.

호기심이 궁금하다

나는 미디어 뉴스를 통해 호기심이라는 말을 들을 때 이런 의문과 아쉬움이 든다. 그것은 호기심을 핵심 역량으로 강조하면서도 호기심이 무엇인지에 대한 구체적인 설명을 찾을 수 없다는 점이다. 자발적으로 무엇을 알고 싶어 하는 마음이나 태도로 이해하는 정도다. 무엇을 궁금해하면서 알고 싶어 하는 문장부호인 물음표(의문표) '?'는 호기심을 나타내는 기호로 흔히 쓰지만 호기심의 가치(價値, value)에 대해서는 특별한 인식이 없다. 기호 '?'는 사람이 쭈그리고 앉아 왜(Why)라는 까닭을 묻고 생각하는 모습이라는 이야기가 있지만 정확한 유래는 알기 어렵다.

'궁금하다'라는 형용사는 '무엇을 알고 싶어 마음이 갑갑하다'의 뜻이다. 배가 출출하여(배가 고픈 느낌) 무엇을 먹고 싶다는 뜻도 있다. 다른 동물도 무엇을 궁금해하는 듯한 움직임을 볼 수 있는데, 사람은 그보다 훨씬 복잡하다는 점에 차이가 있다. 무엇이 궁금해서 묻고 탐구한다는 의미의 영어 'quest', 'question'도 이와 같은 의미에서 벗어나지 않는다. 2019년 『왜? 호기심은 어떻게 세상을 바꾸었을까』라는 책이 국내에 번역, 출간(알베르토 망겔 지음, 김희정 옮김)됐다. 사람은 왜 무엇을 알려고 하는지 등을 탐구한 내용이다. 사람은 '왜'를 탐구하는 호기심을 통해 더 높은 곳으로 향상된다는 메시지를 보여주려고 한다. 그렇지만 여기에는 내가 이 책에서 말하려는 호기심의 윤리적 성격이라는 가치에 대한 인식이 부족하다.

호기심과 교육을 주제로 정재승 KAIST 바이오 및 뇌공학과 교수가 쓴 「호기심을 거세하는 교육에 희망은 없다」라는 칼럼(중앙일보 2019년 6월 15일자)에서 호기심에 대한 구체적인 이야기를 볼 수 있다. 정 교수의 칼럼 내용을 요약하면 다음과 같다.

○ 인공지능 연구가 활발해지면서 신경과학 분야에서 호기심이 중요한 연구 주제로 떠오르고 있다. 지난 100년 동안 생명과학 분야에서 2만여 편의 호기심 관련 논문이 출간됐다.

○ 인공지능과 구별되는 인간의 가장 중요한 특징 중 하나가 호기심이다.

○ 우리는 왜 끊임없이 질문하는가? 그것이 왜 궁금한가? 그런 질문에 뚜렷한 이유나 목적이 없는 경우가 많다. 그저 궁금할 뿐이다. 그것을 호기심이라고 부른다.

○ 사람의 뇌는 스스로 답을 던지고 그 질문에 답을 찾으면 기쁘도록 디자인돼 있다. 호기심의 보상은 해답이 주는 즐거움이지만, 이를 통해 우리는 세상에 대한 이해를 얻는다.

○ 스스로의 호기심으로 학습을 하면 훨씬 더 오래 기억에 머문다는 연구가 있다. 호기심을 갖고 지식을 습득하면 큰 기쁨을 주며 뇌의 보상 중추를 자극해 기억 중추인 해마에 더 오래 저장되도록 영향을 미친다.

○ 우리는 우리가 사는 세상을 무척 궁금해하는 존재이며, 그것을 이해하는 것에 큰 기쁨을 느끼는 생명체이며, 그것이 세상에 대

해 더 깊이 이해하는 성숙한 어른으로 이끈다. 인공지능과 인간을 구별 짓는 기준의 하나인 호기심으로 가능하다.

○ 공부란 무엇인가? 우리가 세상에 대해 가지고 있는 호기심을 해결해가는 과정이다.

○ "인공지능 시대, 아이들은 어떻게 교육해야 할까요?" 이 질문에 답하는 과정에서 제일 중요하게 생각해야 할 가치는 호기심 어린 학습을 통해 학생들이 스스로 비판적이고 창의적인 사고를 할 기회를 제공하는 것이다.

정 교수의 이야기에서는 호기심을 비교적 자세히 설명한다. 인공지능과 차별되는 인간의 특징은 호기심이며 인공지능 시대에 창의적인 교육을 하기 위해서는 호기심이 학습 활동의 중심이 돼야 한다는 게 중심 내용이다. 호기심에 대해 이 정도 설명을 넘어서는 내용은 찾기 어렵다. "A라는 사람은 호기심이 많다"라고 하면 A는 여러 방면에 대해 무엇인가 알고 싶어 하는 태도가 활발하다는 의미로 이해된다. '궁금해한다'라는 표현이 이를 압축해서 잘 보여준다. '궁금하다'라는 형용사는 '무엇을 알고 싶어 마음이 몹시 답답하고 안타깝다', '배가 출출하여 무엇이 먹고 싶다'라는 것이 사전의 뜻풀이다. 이는 사람의 보편적인 정서나 태도일 것이다. 그래서 아리스토텔레스는 그의 『형이상학』을 "사람은 태어나면서부터(또는 본성적으로) 알고 싶어 한다(All men by nature desire to know)"라는 구절로 시작한다. 「하버드 비즈니스 리뷰」는 2018년 9·10월호(동아일보 미래전략연구소 발행)에 호기심에 관한 특집 기사를 실었다. 기업에는 호기심이 많은 인재가 필요하다는 것이 핵심이다. 기업의 성과에 중요한 역할을 하기 때문이라는 이유에서다. 기사는 호기심을 '새로운 경험, 지식, 피드백을 선호하는 성향과 변화에 대한 개방적인 태도'라고 정의한다. 호기심에 대한 이와 같은 내용은 무엇을 궁금해하는 태도에서 벗어나지 않는다.

호기심과 엽기심의 차이

　무엇을 알고 싶어 궁금해하는 태도, 거기서 출발하여 실제로 그 무엇을 알아가는 노력이나 과정이 호기심인가? 호기심(好奇心)을 이렇게 풀이(정의)하면 그것은 엽기심(獵奇心)과 어떻게 구별되는가? 호기심이나 엽기심은 무엇을 알고 싶어 궁금해하는 태도라는 점은 서로 다를 바 없다. 그렇지만 호기심은 긍정적이고 바람직하다. 이에 비해 엽기심은 부정적이고 바람직하지 않다. 나는 호기심과 엽기심은 모두 마음의 어떤 상태라는 점은 공통적인데도 어떻게 구별해야 할 것인지 궁금했다. 표면적인 의미에서 볼 때 무엇에 대해 궁금해하는 것은 호기심이나 엽기심의 차이가 없기 때문이다.

　엽기에 대해 『표준국어대사전』은 '비정상적이고 괴이한 일이나 사물에 흥미를 느끼고 찾아다님'으로 풀이한다. 엽기심은 '비정상적이고 괴이한 사건이나 사물을 남달리 좋아하는 마음'으로 풀이한다. 일상에서 엽기에는 행각(어떤 목적으로 여기저기 돌아다님)이라는 말을 연결해 쓰는 경우가 많다. 매스미디어 보도에는 흔히 '엽기 행각을 벌이다 체포됐다', '엽기 행각으로 사회적 물의를 일으켰다'와 같은 표현으로 등장한다. 엽(獵)은 '사냥할 엽'으로 읽는다. '사냥하다, 사로잡다, 찾다, 놀라게 하다, 학대하다'의 뜻이다. 엽견(獵犬)은 사냥개, 엽사(獵師)는 사냥꾼이다. 엽관(獵官)은 관직을 차지하려고 다투는 행위다. 엽(獵) 글자의 犭

(견)은 개를 나타내는 犬(견)과 같은 글자로, 부수에 쓰일 때는 犭으로 모양이 바뀐다. 개를 풀어 야생동물을 잡는 방식으로 사냥을 하는 경우가 많았기 때문에 이와 같은 글자가 생겼을 것이다.

사냥, 즉 수렵(狩獵)은 오래전부터 지금까지 이어져오는 행위이다. 사냥은 대개 사람이 야생동물을 잡는 행위를 가리키지만 힘센 짐승이 약한 짐승을 먹잇감으로 잡는 행동이라는 뜻에서 부정적인 의미도 포함된다. 탕망(湯網, 탕임금의 그물)이라는 옛이야기가 있다. 중국 은나라(상나라) 시조인 탕임금이 사냥을 나갔을 때 사냥을 준비한 사람들이 동서남북 사방으로 그물을 치고 짐승이 도망가지 못하도록 한 상태를 보고 탕임금은 세 방향의 그물을 없애도록 했다는 고사이다. 사냥이 불가피한 일이라 하더라도 짐승이 달아날 수 있는 여지를 두도록 하는 관대한 마음을 표현한다. 망개삼면(網開三面, 그물의 세 방향을 트이게 함)이라는 성어가 여기서 나왔다.

『논어』의 「술이」 편에는 공자의 행동과 관련해서 "선생님(공자)은 낚시를 했지만 그물질을 하지 않았다. 둥지에서 잠자고 있는 새를 화살로 쏘지 않았다(子釣而不綱, 弋不射宿. 자조이불강, 익불사숙.)"라는 구절이 있다. 낚시와 그물질은 물고기를 잡는 행위로는 같지만 그 방식과 정서에는 차이가 있다. 그물로 물고기를 싹쓸이하는 것은 가혹하다는 의미가 들어 있다. 익(弋)은 화살에 줄을 매어 쏘는 사냥 방법이다. 잠자는 동물에게 활을 쏘는 행위도 가혹하게 느끼는 심정을 나타낸다. 어쩔 수 없이 사냥을 하여 동물을 잡는다 하더라도 동물에 대한 최소한의 배려 심정을 가지는 게 필요하다는 측은지심(가엾게 여기는 마음)이다. 『맹자』의 「양혜왕 상」 편에는 짐승이라도 죽는 모습은 차마 볼 수 없는 심정을 이야기하는 부분이 있다. 차마 하지 못하는 불인지심(不忍之心)

이다. 탕임금과 공자의 행동은 이와 같은 심정을 보여준다.

2020년 9월 인천시 옹진군 소연평도 부근 바다에서 어업지도를 하던 해양수산부 공무원이 실종돼 바다에 표류하던 중 북한군에 의해 총살되고 시신이 불에 타는 사건이 발생했다. 차마 그렇게 해서는 안되는 행동이다. 이에 대해 국내 언론은 「北(북한)의 엽기 본능」이라는 헤드라인을 붙인 칼럼(조선일보 2020년 9월 26일자)에서 "물에 빠진 사람을 보면 일단 구하고 보는 게 인지상정이다. 그런데 북은 우리 국민을 6시간 넘게 바다에 놔두고 조사하다 결국 사살, 소각했다. 어제 북이 시신 소각은 아니라고 주장했지만 야만적 엽기 본능은 달라지지 않는다"라고 했다. 엽기라는 말이 얼마나 부정적으로 쓰이는지 보여준다.

우리나라 정부 기관인 식품의약품안전처는 2021년 여러 신문에 마약의 위험을 알리는 광고를 실었다. 그 광고의 헤드라인은 이렇다. '마약! 시작은 호기심, 그저 호기심이었습니다. 친구들이 떠나갔고 가족들이 외면했습니다. 그리고… 소중한 꿈까지 사라졌습니다'. 마약 범죄를 막기 위해 정부 기관이 공식적으로 표현하는 공익 광고에 마약 범죄가 호기심에서 비롯되는 경우가 많다고 표현하면 이는 호기심이라는 말을 매우 부정적으로 이해하는 것이 된다. 마약 밀수입이 늘어나자 관세청의 공익 광고 문구도 '마약, 호기심이 범죄가 될 수 있습니다'였다.

10대 청소년의 마약 범죄가 매년 늘어난다는 뉴스(기사)는 경찰청 통계를 인용해 정기적으로 각종 매스미디어에 보도된다. 10대들이 호기심에서 인터넷을 검색하다 대마초를 공짜로 준다는 유혹 등에 넘어가는 경우가 많은 것이 그 원인이라고 한다. 여기서 호기심이라는 표현은 마약 범죄라는 매우 부정적이고 반사회적 행위에 쓰이는 사례이다.

직장의 동료 여직원이 쓰는 책상에 몰래카메라(몰카)를 설치했다가 붙잡힌 30대 남자가 있었다. 그는 경찰 조사에서 "호기심에서 설치했다"라며 혐의를 인정했다는 언론 보도가 있었다. 객실에 몰카를 설치하고 투숙객을 엿본 모텔 주인도 경찰 조사에서 호기심으로 설치했다고 진술했다. 이와 같은 범죄를 다루는 매스미디어 기사의 헤드라인에도 "호기심에서 몰카 설치한…"처럼 표현한다. 호기심이 마치 해당 범죄에 약간의 면죄부를 주는 듯한 느낌을 받는다.

이런 상황은 호기심과 엽기심에 대한 명확한 구별이 잘 안되고 있기 때문에 생긴다. 일부 청소년이 인터넷 검색으로 대마초 같은 마약의 유혹을 받고 그것이 범죄로 이어질 경우 이는 호기심도 아니고 그렇다고 엽기심이라고도 할 수 없다. 호기심이나 엽기심은 긍정적이든 부정적이든 어떤 적극적인 의도가 개입해야 한다. 마약 범죄에 빠지는 청소년은 여러 가지 이유에서 그냥 마약에 대해 궁금해할 수 있을 것이다. 그런 행동이 반복되면 범죄로 이어질 가능성이 있다.

엽(獵)의 사전적 의미는 '사냥하다, 찾다, 밟다, 짓뭉개다, 놀라게 하다, 사로잡다, 학대하다, 괴롭히다, 해치다'처럼 부정적 의미가 강하다. 그렇다면 호(好)는 어떤가? 호(好)의 긍정적 의미를 확인할 수 있다면 호기심과 엽기심의 구별을 분명하게 하는 데 도움이 될 수 있다.

호기심은 윤리적 탐구

『설문해자』는 好를 "아름다움이다(美也. 미야.)"라고 풀이한다. 미(美)는 '甘也(감야)'라고 풀이한다. 감(甘)은 '달다, 맛이 좋다, 익다, 만족하다, 기분 좋다'의 뜻이다. 호기(好奇)라는 개념을 바르게 이해하는 좋은 실마리를 준다. 아름다움은 긍정적 가치의 최고 단계를 나타낸다. '아름답다'라는 형용사는 무엇에 대해 즐겁고 좋은 느낌을 가지게 할 만한 가치가 있음을 나타낸다. '아름'이라는 명사가 있다. 두 팔을 벌려 껴안은 둘레의 길이다. '아름이 넘는 느티나무', '꽃다발 한 아름'같은 표현에서 보듯이 아름은 두 팔로 껴안는 동작과 연결된다. 아름답지 않으면 할 수 없는 행위다. 사람이든 사물이든 그에 대한 인식, 판단, 느낌, 이미지 등이 아름답다고 하면 좋고 즐겁다. 즐겁고 좋은 느낌은 매우 긍정적인 차원이다.

미(美)는 양을 뜻하는 羊(양)과 크다는 뜻의 大(대)로 이루어진 글자이다. 양은 고대 사회에서 천지신명이나 나라의 종묘에 제사를 지낼 때 제물로 올리는 희생으로서 중요한 역할을 했다. 희생으로 쓰는 소나 양은 신성한 동물이므로 새끼 때부터 특별한 환경에서 기른다. 대(大)는 사람의 머리와 두 팔, 두 다리를 본뜬 글자이다. 여기서 '소중히 여기다, 귀하다, 훌륭하다'의 뜻이 나온다. 미(美), 즉 '훌륭한 양'은 하늘이나 종묘에 제물로 올려도 만족스러울 정도로 흠이 없는 좋은 모양을 나타낸다. 제사를 모시는 사람들은 그와 같은 양에게 즐겁고 긍정적인 마음이나 느낌을 받는다. 이와 같은 의미를 종합하면 호(好)는 '좋다, 훌륭하다, 사이가 좋다, 아름답다, 즐기다, 기뻐하다, 즐거워하다, 반가 워하다'라는 긍정적 의미가 강하다.

  호기심과 엽기심에 공통적으로 들어가는 기(奇)는 어떻게 이해해야 할까? 호기심과 엽기심을 명확하게 구별해야 한다면 기(奇)는 어떻게 구별할 수 있는가?

  기(奇)는 대(大)와 가(可)로 이루어진 글자이다. 가(可)는 『설문해자』에 '肙也(긍야)'라고 풀이한다. 긍(肙)은 肯(긍)과 같은 글자로 '옳다고 여기 다, 즐기다'의 뜻이다. 긍정(肯定)이라는 말은 '옳다고 여겨 즐겁다'라는 의미다. 옳다는 말은 삶이나 사물의 도리에 들어맞는다는 의미다. 기(奇)는 그런 옳음이 평균적인 옳음이 아니라 크고 훌륭하여(大) 특별히 뛰어나다는 의미가 된다. 옳다는 것은 윤리적 의미를 담고 있다. 반사 회적인 언행은 옳은 행위가 아니다. 기(奇)의 윤리적 성격을 분명하게 인식하는 것은 호기와 엽기를 구분하는 데 있어 매우 중요한 측면이 다. 기발(奇拔, 아주 뛰어남. 보통 사람은 생각하기 어려운 색다름), 기사(奇思, 보통 사람과는 다른 생각), 기상천외(奇想天外, 보통으로는 상상하기 어려운 기 발한 생각), 기이(奇異, 기묘하고 이상함), 기적(奇跡, 기묘하고 신기한 일), 기지 (奇智, 기발한 재주), 기특(奇特, 보통이 아니고 특이함), 기품(奇品, 빼어난 인 품), 기획(奇畫, 뛰어난 계획) 같은 말은 모두 윤리적으로 옳은 일에 적용 해야 하는 말이다. 어떤 언행이 기발한데도 그것이 부정적이고 반사회 적인 의미라면 그것은 기발하다고 할 수 없다. '기발한 범죄'라는 표현 은 반윤리적이므로 성립할 수 없다.

호기(好奇)는 기(奇)의 뜻을 아름답게 인식하고 그것을 즐거움의 차원에서 윤리적으로 활용하는 태도이고 노력이다. 이에 비해 엽기(獵奇)는 기(奇)의 뜻을 악용하는 반(反)윤리적 행위라고 할 수 있다. 교육과 기업, 연구 등에서 호기심을 강조하면서 윤리적 성격을 명확하게 하지 않으면 엽기심과 경계가 흐릿해질 수 있다. 호기심을 강조하는 이유는 그런 태도와 노력이 창의력을 키우는 데 구체적으로 도움이 될 수 있기 때문일 것이다. 창의력을 가능하게 하는 창의적 인성, 즉 창의성도 윤리성과 분리할 수 없다. 어떤 범죄의 수단과 방법이 기존의 수법과는 아주 다르다고 하더라도 그것을 창의적 범죄라고 할 수 없기 때문이다. 호기심과 창의성은 윤리적 개념이다. 기적(奇蹟, miracle)은 상식에서 벗어난 놀라운 일이 아니라 호기심에 따른 정직한 성과라는 점에서 오히려 가장 상식적인 일이라고 할 수 있다.

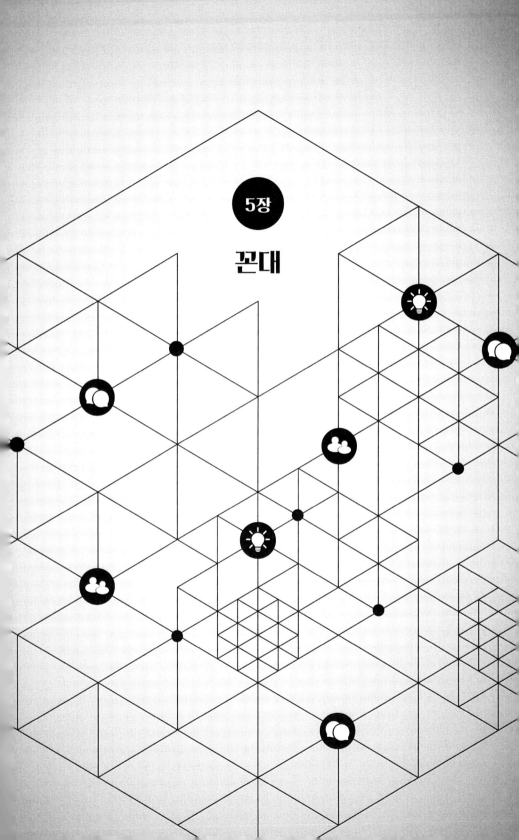

5장

꾿대

꼰대(ggondae) – 고리삭음의 짝

꼰대:

은어로, '늙은이'를 이르는 말

- 표준국어대사전

'꼰대질', '꼰대 공포증', '안티 꼰대', '꼰대 정당', '꼰대 감별사', '꼰대 이미지 쇄신', '젊은 꼰대'.

일상에서 자주 쓰기 때문에 매스미디어에 자주 등장하는지, 매스미디어에 자주 쓰기 때문에 일상에서도 자주 쓰는지 알기 어렵지만 꼰대라는 말이 너무 흔하게 쓰인다. '꼰대'는 매우 불편한 낙인(烙印, 불에 달구어 찍는 쇠도장) 같은 말이 되고 있다. 누군가 상대방을 꼰대라고 단정하면, 그 규정이 맞든 틀리든 옳든 그르든, 기분을 몹시 상하게 만든다. 이는 꼰대라는 말에서 받는 느낌, 즉 어감(뉘앙스)이 불쾌하기 때문이 아닐까 싶다. 꼰대는 '나이 든 늙은이'를 가리키는 속어였지만 그냥 속어가 아니라 비속어, 즉 상대방을 인격적으로 낮추는 말이다.

나는 꼰대라는 말을 접할 때마다 '꼰질꼰질(하는 짓이 너무 꼼꼼하고 갑갑한 모양)', '꼴값(얼굴값을 속되게 이르는 말로 격에 맞지 아니하는 아니꼬운 행동)', '꼴같잖다(생김새나 됨됨이가 같잖다)', '꼴사납다(모양이나 하는 짓이

보기에 흉하다)', '꼼수(째째한 수단이나 방법)', '아니꼽다(비위가 뒤집혀 구역이 날 듯하다. 같잖은 언행이 눈에 거슬려 불쾌하다)' 같은 말이 떠오른다. 이런 말들은 꼰대에서 연상되는 말이나 행동과 직접적으로, 간접적으로 연결된다.

늙은 사람이라고 했을 때 반드시 나이를 기준으로 하는 것은 아니지만(몇 살부터 늙은이 또는 노인이라고 규정하는 것이 적당한지는 명확하지 않다) 꼰대는 늙은이 또는 기성세대를 가리키는 특수한 말로 각인된 것은 분명하다. 그렇다면 꼰대라고 부르거나 규정하는 주체 또는 상대방은 젊은이 또는 젊은 세대가 된다. 어떤 세대가 다른 어떤 세대를 겨냥해 업신여기는 말로는 꼰대가 유일할 것이다.

요즘은 '젊은 꼰대'라는 말도 매스미디어를 통해 종종 접할 수 있다. 이 말은 '네모난 원', '둥근 네모'처럼 결합할 수 없는 표현인데도 이미 일상에서 적잖이 쓰인다. '젊다'라는 말은 생생함이나 왕성함을 나타내므로 결코 부정적으로 쓸 수 없다. 젊은 꼰대는 꼰대라는 말이 점점 더 그 부정적 의미를 확장하는 것으로 보인다. 꼰대라는 말에 대한 성찰이 필요한 시점이다.

꼰대라고 하는 태도의 핵심은 나이가 아니라 '일방적 강요' 같은 비뚤어진 행태라고 할 것이다. 이는 상대방을 무시하고 낮춰 보는 태도이다. 대체로 20대나 30대 연령층보다는 대략 60대 이상의 세대에서 자주 목격할 가능성이 높다. 많은 경우 자신이 과거에 겪은 어떤 긍정적인 경험을 될 수 있는 대로 널리 공유하고 싶은 욕심이 작용하기 때문이리라. 그 자체가 나쁘다고 할 수는 없을 것이다. 자신이 쌓아온 경험이 쓸데없는 것이 아니라 소중한 경험이라는 것을 나누고 싶은 순수한 마음의 발동일 수 있기 때문이다. 다만 그것이 지나칠 때, 그래서 그 내용을 접하는 상대방에게 거슬리는 경우가 문제다.

꼰대는 그리스 신화에 나오는 프로크루스테스 침대 이야기와 맥락이 비슷하다. 자기가 가진 침대에 맞춰 키가 작으면 늘려서 죽이고 크면 줄여서 죽이는 것처럼 좁고 배타적인 기준으로 사람과 세상을 규정하고 단정하는 좁고 얕은 행태이다. 예나 지금이나 이런 태도는 나이와 관계없이 가장 낮은 수준의 사람됨이다. 홍성남 신부(가톨릭 영성심리상담소장)는 「꼰대란」이라는 제목의 칼럼(중앙일보 2020년 7월 23일자)에서 꼰대를 '시야가 좁은 사람'으로 규정하면서 세 가지 특징을 꼽는다. 즉, △지나친 일반화 현상(단정적 언어를 사용하여 다른 가능성의 문을 닫아버림) △양극화된 사고(흑백논리에 입각해서 이분법적으로 판단함) △지레짐작(모든 사람이 자기처럼 생각한다고 여기는 왜곡된 사고방식)이다. 그러면서 홍 신부는 "젊은이들이 노인들을 꼰대라고 비아냥거리는 경우가 많은데, 나이가 젊으면 사고방식이 진취적이고 나이가 들면 꼰대가 되는 것일까"라는 의문을 제기한다.

꼰대는 나이가 든 기성세대의 자기중심적이고 낡은 행태를 낮추는 표현인데, 그렇다면 젊은 세대의 자기중심적이고 낡은 행태를 가리키는 말은 없을까? 나이 든 기성세대를 젊은 세대가 꼰대라고 비난한다고 해서 모든 젊은 세대는 꼰대 같은 태도에서 자유롭다고 미리 판단할 수는 없다. 기성세대를 꼰대라고 비난하는 것이 정당하려면 그렇게 비난하는 쪽은 꼰대스러운 태도와는 분명히 달라야 할 것이기 때문이다. 이는 세대끼리의 갈등이 아니라 세대와 세대가 서로를 돌아보면서 더 나은 차원의 사람됨을 추구하기 위한 바탕으로서 의미가 있다.

고리삭음은 젊음의 적(敵)

　의미상으로 꼰대와 반대되는 말은 '고리삭음'이다. '고리삭다'라는 형용사의 명사형이 고리삭음이다. 고리삭다는 것은 나이가 젊은 사람이 젊은이다운 활달한 기상이 없고 하는 짓이 늙은이 같다는 뜻이다. 나는 강의에 참여하는 학생들에게 "고리삭은 대학생이 아닌지 돌아보자"라고 당부한다. 꼰대라는 말만 아는 경우와 고리삭음까지 함께 아는 것은 어휘 실력뿐만 아니라 현실을 바라보는 인식의 틀에 큰 영향을 미친다. 나이 든 사람을 꼰대라는 기준으로 바라보기 이전에 나이 적은 사람으로서 고리삭은 것은 아닌지 성찰할 수 있기 때문이다. '고리삭음'과 '고리삭다'는 일상에서 거의 쓰지 않기 때문에 뉴스 표현에도 나오지 않는다. 대신 '젊은 꼰대'같은 어색한 표현이 등장한다.

　고리삭다라는 형용사는 '고루(固陋)하다(낡은 관념이나 습관에 젖어 고집이 세고 새로운 것을 잘 받아들이지 않음)', '고루(孤陋)하다(보고 들은 것이 없어 마음가짐이나 하는 짓이 융통성이 없고 견문이 좁음)', '고리다(썩은 풀이나 썩은 달걀 따위에서 나는 냄새 같음)', '고리타분하다(냄새가 신선하지 못하고 역겹고 고리다. 하는 짓이나 성미, 분위기 따위가 새롭지 못하고 답답함)' 같은 형용사를 떠올린다. 모두 꼰대라는 말의 의미와 별 차이가 없다.

　나이가 적은 젊은 세대는 나이가 든 늙은 세대를 꼰대라고 낮추고, 늙은 세대는 젊은 세대를 고리삭다라고 낮추면 세대끼리의 존중은커

녕 서로 부정하는 반감을 키울 수 있기 때문에 위험하다. '저런 꼰대들', '저런 고리삭은 것들'처럼 세대끼리 서로 손가락질하며 갈등이 생기는 한 가지 원인은 꼰대나 고리삭음이라는 언어 표현을 쉽게, 단정적으로, 함부로, 성급하게 말하거나 느끼기 때문이라고 할 수 있다. 꼰대와 고리삭음은 '작은 사람됨', 즉 소인(小人)이기는 나이와 관계없이 그 모습이 비슷하다. 꼰대가 늙음의 적(敵)이라면 고리삭음은 젊음의 적이다.

꼰대라는 말은 그 자체로 불쾌한 느낌을 주기 쉽다. 상대방을 향해 꼰대라고 하는 쪽이나 그 말을 듣는 쪽이나 꼰대라는 말이 언급되는 상황은 적절함과는 별개로 유쾌하지 못한 분위기를 만들 가능성이 높다. 한 설문조사(서울신문 2022년 1월 4일자)에 따르면 '꼰대라는 단어를 어떻게 생각하는가'라는 질문에 응답자의 37.5%가 '꼰대라는 말 자체가 서로의 소통을 위축시킨다'라고 답해 가장 많았다. 이어 '중년이 자신을 돌아보게 만드는 단어(24%)', '남들이 쓰고 입에 쉽게 붙어서 그냥 쓰는 단어(23%)' 순으로 답했다. 또 '내 옆의 꼰대, 이것만은 바뀌었으면' 하는 질문에는 '아집', '고집', '사생활 간섭', '라떼 금지', '반말, 무시', '남의 얘기 경청', '잔소리, 훈수' 같은 대답이 많았다.

무불경(無不敬)! 공경의 힘!

꼰대와 고리삭음은 상대방을 비난하기 위한 말로 역할을 다하는 것만은 아닐 것이다. 나는 꼰대와 고리삭음은 세대끼리든, 개인끼리든 오히려 서로 존중하여 서로 고루하거나 고리타분한 낮은 사람됨을 극복하라는 반어적 충고가 아닐까 생각해본다. 『예기』라는 동양철학 경전이 있다. 삶의 가지런한 모습이 어떠해야 하는지를 49편으로 나눠 구체적으로 설명한다. 널리 알려진 '가정맹어호(사나운 정치는 호랑이보다 무서움)', '교학상장(가르치고 배움은 서로 성장시킴)' 같은 성어가 나오는 문헌이다.

'예의'는 삶의 가지런함이다. 고리타분한 규범이 아니다. 이에 대해 『예기』의 첫 구절은 삶(사람)의 가지런함에 대해 매우 중요한 선언을 한다. 즉, "공경하지 않음이 없다!(無不敬, 무불경)". 예의를 규정하는 수천 가지 태도와 행위는 '무불경' 세 글자로 압축할 수 있다. 『예기』의 첫 편인 「곡례(예의를 자세하게 설명함)」에는 예의가 무엇인지 명확하게 규정하는데, 몇 가지를 꼽으면 다음과 같다.

○ 오만한 마음이 자라지 않도록 한다(敖不可長. 오불가장.)
○ 아끼는 사람이라도 그 단점을 살핀다(愛而知其惡. 애이지기오.)
○ 미워하는 사람이라도 그 장점을 살핀다(憎而知其善. 증이지기선.)

○ 자기 생각과 의견만을 고집하지 않는다(直而勿有. 직이물유.)

○ 언행의 적절함을 어기지 않는다(不踰節. 불유절.)

○ 다른 사람을 업신여기지 않는다(不侵侮. 불침모.)

○ 행동을 수양하고 말은 도리에 맞도록 한다(行修言道. 행수언도.)

○ 공경하여 행동이 넘치지 않고 겸손하다(恭敬撙節退讓. 공경준절퇴양.)

○ 마음이 서로 오가는 것을 소중히 여긴다(禮尙往來. 예상왕래.)

○ 자신을 낮추고 상대방을 존중한다(自卑而尊人. 자비이존인.)

예의에 관한 이와 같은 규정은 예의의 버리이고 고갱이라고 할 수 있는데, 이를 한마디로 함축하는 말이 '무불경'이다. 예의의 핵심은 '사람 존중'이라는 뜻이다. 존중의 범위는 사람에게 한정되지 않고 동물과 식물 등 사람이 관계하는 모든 사물을 포함하는 정서이고 태도라고 할 수 있다. 『예기』는 "무례하면 삶이 위태로워진다(無禮則危. 무례즉위.)"라고 강조한다. 무례하면 삶의 가지런함이 흔들리고 무너지기 때문이다. 이는 일상의 인간관계에서 민감하게 느낄 수 있다. 모든 사람의 일상이 축적된 과정인 역사의 발전도 예의의 관점에서 볼 수 있다. 공자가 편찬한 역사 문헌인 『춘추』를 해설한 『춘추좌씨전』은 역사를 예의에 맞는가 어긋나는가를 기준으로 살핀다. 예(禮), 유례(有禮), 비례(非禮), 무례(無禮)라는 표현이 전체 내용을 관통한다. 예로 시작해서 예로 끝난다고 할 수 있을 정도다. 예(禮)는 '바름이자 옳음'이고 무례나 비례는 '바르지 않음'이다.

예의 없음, 즉 무례란 무엇인가에 대한 조사가 있다. 20~60대 남녀 5,051명에게 「예의란 무엇인가」에 대한 설문조사(조선일보 2020년 7월 18일자)에서 '당신을 화나게 하는 무례한 태도는 무엇인가'라는 질문에 △

매너 없음(58.7%) △욕설(52.8%) △무시(49.8%) △질서를 지키지 않는 태도(45.7%) △꼰대 같은 태도(35.9%)를 꼽았다. '한국 사회에서 예의에 가장 많은 영향을 미치는 잣대는 무엇인가'라는 질문에는 △나이(63.0%) △상사 등 권력관계(46.9%) △비즈니스나 서비스에서 갑을 관계(39.5%) △성별(26.4%) 순으로 답했다.

일상 생활에서도 그렇지만 무례한 분위기가 많은 직장(기업, 회사, 단체 등)은 구성원을 병들게 하여 결국 조직을 무너뜨릴 수 있다. 직장 내 무례를 오래 연구한 크리스틴 포라스 조지타운대 경영대학원 교수는 『직장 선언: 예의 갖춰라』라는 저서를 출간 후 국내 언론과 가진 인터뷰(매일경제 2017년 9월 15일자)에서 무례를 "누군가에게 버릇없이 굴거나, 예의를 갖추지 않거나, 상대방의 기분을 헤아리지 않고 둔감하게 행동하는 것"이라고 규정한다. 예의는 "공손함과 다른 사람들을 위한 마음, 배려가 포함된 행동"이라고 했다. 포라스 교수는 "예의 있는 직원이 무례한 직원보다 좋은 성과를 내고 성공한다"라고 주장했다. 예의나 무례는 직장에서 상사나 부하 어느 한쪽에게 특별히 더 무거운 책임이 있다고 할 수는 없는, 쌍방적인 의무요 책임이라고 할 것이다. 예의와 무례를 구분하는 기준은 서로에 대한 존중이다.

꼰대나 고리삭음은 지금 유행하는 몇 마디 말만으로 설명할 수 없다. 그것은 무불경(無不敬)과 비례(非禮), 무례(無禮)의 차원과 닿아 있다. 일차적으로 자기 자신에게, 이차적으로 다른 사람에게 공경과 존중의 마음이 부족하여 무례하면 마음이 통하기 어렵다. 통하지 않으면 무슨 일이든 바르고 알차게 이루어내기 어렵다. 동양에서 가장 오래된 철학 문헌에 속하는 『서경』의 「우서」 편에 "교만하게 뽐내면 결국 자신을 해치게 되고 겸허하게 자신을 낮추면 삶이 넉넉해진다. 그것이 세상에 통하는 길이다(滿招損, 謙受益, 時乃天道. 만초손, 겸수익, 시내천도.)"라고 했다. 인간관계에서 공경과 존중은 삶의 가지런함, 즉 예의를 위한 가장 큰 바탕이라는 점은 옛날이나 지금이나 한결같은 버리요, 고갱이라는 것을 보여준다.

꼰대나 고리삭음이 상대방 또는 다른 세대를 비난하고 업신여기는 의미로 많이 쓰일수록 삶의 가지런함은 상처를 입고 흐트러질 것이다. 꼰대나 고리삭음이라는 말을 억지로 사라지게 할 수는 없겠지만 무불경의 태도가 가교처럼 흐른다면 좀 더 신중하고 사려깊은 차원이 열릴 수 있지 않을까. 자기 자신부터 공경하는 태도를 갖추면 세상의 온갖 바르지 않은 상태를 이겨낼 수 있다는 뜻을 담은 '경승백사(敬勝百邪)'의 차원이다. 그것을 위한 사람됨은 '성인(成人)으로서 어른'이라고 할 수 있다.

성인(成人)을 함께 추구

성인(成人)이라고 하면 국어사전의 풀이처럼, 미성년(未成年)의 반대말로 20세 이상의 남녀를 가리키는 게 일반적인 뜻이다. 이는 독립적으로 법적 행위를 할 수 있는 성년(成年)이라는 의미가 강하다.

성인(成人)의 의미는 더 깊이 생각할 필요가 있다. 나이를 기준으로 성인을 이해하면 의미를 너무 좁힌다.

성(成)은 『설문해자』에서 "어떤 상태나 결과가 되도록 하다(就也, 취야.)"로 풀이한다. 이와 같은 성(成)과 연결되는 사람(人)은 나쁜 사람됨이 아니라 '바람직한 사람됨'이라는 맥락은 분명하다. 성인(成人)은 바람직한 사람됨이 되도록 노력하는 과정과 바람직한 사람됨을 이룩하는 결과라는 두 가지 의미를 가진다.

공자의 『논어』에 가장 많이 등장하는 명사는 '사람'을 나타내는 '人(인)'으로, 162회 언급된다. 크게 구분하면 소인(小人)과 대인(大人)이다. 대인은 대부분 군자(君子)라고 표현한다. 소인은 극복해야 할 사람됨이고 대인(군자)은 추구해야 할 사람됨이다. 공자는 소인과 대인을 연결하는 사람됨인 성인(成人)을 말하는데, 대인과 같은 차원은 아니지만 대인에 가까운 사람됨으로 이해할 수 있다. 『논어』의 「헌문」 편에 제자 자로가 성인(成人)의 조건을 묻자 공자는 지혜와 청렴, 용기, 재주에 예악(禮樂)으로 사람다운 결(文, 문), 즉 아름다운 무늬를 갖추는 모습이라고 대답한다. 공자는 이어 "오늘날은 그 정도까지는 아니더라도 이익을 마주하면 의로운지 생각하고(見利思義. 견리사의.) 위급한 상황에서 목숨을 바칠 각오로 대처하는(見危授命. 견위수명.) 정도가 되어도 성인이라고 할 수 있다"라고 말한다. 견리사의와 견위수명은 지금도 널리 쓰는 성어이다.

성인을 이와 같은 차원에서 이해하면 나이의 많고 적음, 남자나 여자 같은 성별을 아울러 높은 수준의 사람됨을 가리킨다고 할 수 있다. '어른'이라는 말은 대개 나이가 든 연장자를 가리키지만 그것은 부차적인 조건이다. 어른에 들어 있는 본질적 의미는 공자가 말하는 성인(成人)으로서 어른이라고 할 수 있다. 성인으로서 어른은 꼰대나 고리삭은 사람이 함께 추구해야 할, 사람됨의 모델이 될 수 있다. 일본 도쿄대학교의 교양 수업 내용을 담아 2021년 10월 출간한 『어른의 조건』에서는 어른을 '스스로 생각하는 능력을 단련하고 다른 사람의 입장을 헤아리면서 생각을 확장하면서 자신의 한계를 넘어서는 사람'으로 정의한다. 이에 따르면 나이가 드는 것은 어른의 조건이 될 수 없다. 나이가 적든 많든, 꼰대와 고리삭음을 성찰의 도구로 삼아 스스로 돌아보는 모습이 어른, 즉 성인(成人)으로서 어른을 가꾸는 바탕이라고 할 수 있다.

나는 꼰대와 고리삭음을 넘어서는 태도로 '후생가외(後生可畏)'와 '청출어람(靑出於藍)'을 생각한다. 후생가외는 『논어』의 「자한」 편에 기록된 공자의 말로, 열심히 노력하는 후배들이 두려울 정도라는 뜻이다. 외(畏)는 무서워한다는 공포(恐怖)가 아니라 경외(敬畏, 공경하는 마음으로 두려워함)이다. 기뻐하면서 정성껏 함께하려는 심열성복(心悅誠服)이다. 발랄하게 노력하는 후배들을 보면서 더욱 성숙해지려는 선배의 자세이다. 청출어람은『순자』의「권학」편에 나오는 말로, 열심히 노력해서 스승이나 선배보다 더 깊은 공부를 하고 싶은 의욕이다. 꼰대와 고리삭음은 좁은 퇴보의 길이요, 후생가외와 청출어람은 넓은 진보의 길이다.

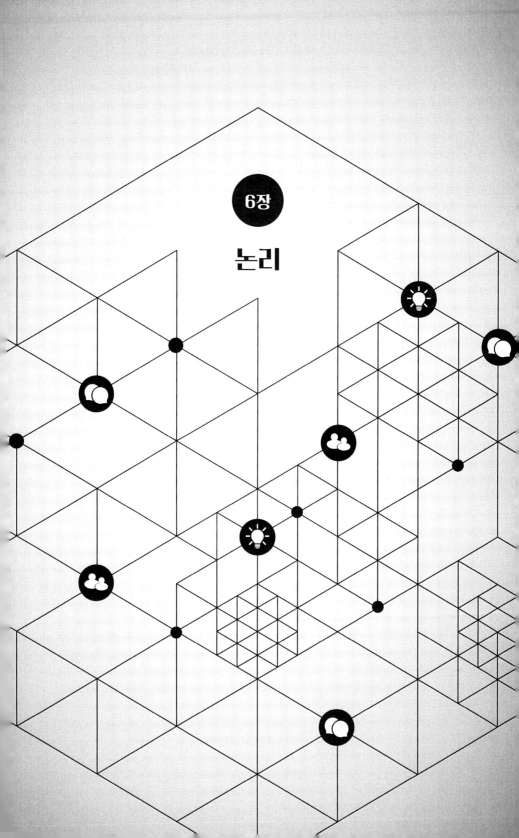

6장

논리

논리(論理, logic) - 상황의 올바른 무늬

논리:

말이나 글에서 사고나 추리 따위를 이치에 맞게 이끌어 가는 과정
이나 원리. 사물 속에 있는 이치

- 표준국어대사전

'논리적으로 말하고 글을 써라!', '합리적인 사람이 돼라!', '지긋지긋한
진영논리', '자기합리화 논리', '논리적이고 합리적인 우려와 경고를 무시
한 결과', '합리적인 논리 개발 필요', '정치 논리보다 합리적인 판단이
필요'.

정확한 근거나 이유는 알 수 없지만 나의 머릿속에는 오랫동안 '논리
적(論理的)'이라는 말이 깊이 자리 잡고 있었다. 의심할 수 없는 대전제
(大前提)처럼 의식을 지배하고 있었다. "A는 논리적인 사람이다"라는 주
변의 평가는 그 사람의 언행이 오락가락, 횡설수설하지 않고 반듯하다
는 것을 보여주는 기준으로 쓰인다. 반대로 "B는 논리적이지 못한 사
람이다"라는 주변의 평가는 그 사람의 언행을 신뢰하기 어렵다는 의미
로 쓰고 받아들인다. 논리라는 말에서 받는 첫인상은 어떤 반듯함이
나 정교함, 그래서 흐트러지지 않은 사람됨이라고 할 수 있다. "철학은

사랑의 논리다!" 같은 뭉클한 표현도 있다. 지금도 많은 교육 현장에서 "글을 논리적으로 써야 하고 말을 논리적으로 해야 한다"라는 당위를 강조하는 경우가 많을 것이다.

아리스토텔레스가 논리학에 체계적인 관심을 가진 이후 논리는 사람의 생각(사고)의 길을 바르게 하려는 과제와 함께 발전해왔다. 미루어 생각하는 능력인 추리(推理, 연역 추리와 귀납 추리가 대표적이다)는 논리학을 지탱하는 힘인데, 본질적으로 중요한 것은 추리는 '올바른' 인식과 판단을 위한 과정이라는 점이다. 모든 논리학은 생각의 바른길에 대한 탐구라고 할 수 있다. 아리스토텔레스의 형식논리학을 비롯해 변증논리학, 실존논리학, 기호논리학, 상황논리학 등 모든 논리학은 이 기준에서 벗어나지 않으며, 벗어나서는 안 되는 마땅함에 놓여 있다. 논리학이 삶의 논리가 되기 위해서는 윤리성을 떠날 수 없다. 윤리성은 개인과 공동체의 삶을 조화롭게 지키고 성장시키는 목적에 닿아 있다.

그런데 '진영논리', '흑백논리', '해괴망측한 논리', '억지 논리', '거짓 논리', '정치 논리', '가짜 논리', '좌우극단 논리', '엉터리 논리', '노예 논리', '자폐 논리', '황당 논리', '적과 동지 논리', '힘의 논리', '유리한 논리' 같은 표현이 매스미디어에 자주 등장하면서 논리라는 말 자체를 성찰하지 않을 수 없는 상태가 되고 있다. 특히 우리나라의 정치 상황과 관련해 이와 같은 표현이 넘치는 것 같다. 진영(陣營)이라는 군사 용어에 논리라는 말이 붙은 '진영논리'를 많이 쓸수록 아군과 적군이라는 극단적 대립으로 사회 갈등과 분열을 더 일으키게 되는 것은 아닐까. 그렇다면 이는 논리라는 말이 가진 긍정적인 가치를 나쁜 의도로 이용하는 것이나 다름없다.

진영논리를 표준국어대사전은 '자신이 속한 조직의 이념은 무조건 옳고, 다른 조직의 이념은 무조건적으로 배척하는 논리를 말한다'라고 풀이한다. 흑백논리는 '모든 문제를 흑과 백, 선과 악, 득과 실의 양극단으로 구분하고 중립적인 것을 인정하지 아니하려는 편중된 사고방식이나 논리'라고 풀이한다. 논리는 생각의 바른길을 탐구하는 윤리적 바탕 위에 서야 하는데, 진영논리와 흑백논리 같은 표현은 과연 타당한가. 논리라는 윤리적 개념의 정당한 가치를 훼손하는 것은 아닌가.

2011년 1월부터 2021년 12월까지 국내 신문과 방송, 인터넷 미디어에서 진영논리라는 말은 8,942번(한국언론진흥재단 기사검색빅데이터 빅카인즈 활용)등장했다. 주로 보수 이념과 진보 이념으로 나눠 벌어지는 진영논리라는 말은 우리 사회에 너무 많이 등장해 오히려 상투적이고 진부한 느낌까지 주는 용어가 되고 있다.

연도별로 살펴보면 10년 전인 2011년에는 42건에 불과했다. 2012년에는 500건으로 크게 늘었다. 2014년에는 862건으로 크게 늘었고, 2017년 850건이었고 2019년에는 1,261건으로 급증했다. 2020년에는 1,616건, 2021년에는 1,330건이었다. 이는 우리 사회가 아군과 적군 같은 대립적인 진영으로 더욱 분열되고 있다는 것을 보여주는 것일까. 같은 기간 흑백논리는 매년 150건 안팎으로 등장해 10년 동안 모두 1,973건이 매스미디어에서 쓰였다.

논리의 윤리적 성격

논리라는 개념에 대해 '생각이 마땅히 따라야 할 올바른 길'이라는 윤리적 성격을 제외하고 말한다면 진영논리나 흑백논리, 좌우 극단 논리 같은 표현이 가능하다. 그렇지만 논리를 '생각이 마땅히 따라야 할 규범이나 규칙'으로 이해할 경우 진영논리와 같은 표현은 성립할 수 없다. 윤리성은 사람으로서 마땅히 따라야 하는 규범적 성질이다. 규범은 말과 행동, 판단에서 마땅히 따르고 지켜야 하는 가치판단의 기준이다.

진영논리가 아니라 진영주장이라는 표현은 가능할 것이다. 주장은 자기 의견을 굳게 내세우는 것이므로, 이를 강화하기 위한 수단으로 어떤 이야기를 강조할 수 있다. 그 수단이나 방법을 논리라는 이름으로 포장할 경우에는 사정이 달라진다. 진영논리와 진영주장의 차이는 매우 크다. 본질적으로 범주(카테고리. 같은 성질을 가진 범위)가 다르다. 그런데 진영논리라는 말이 매스미디어나 일상에서 너무 많이 쓰이면 제대로 의식하지 못하는 상태에서 논리에 대한 부정적인 인식이 굳어질 수 있다. 논리에 대한 부정적 인식이란 논리의 윤리성과 사회성은 빠지고 어떤 주장을 강화하는 데 이용하는, '억지스럽지만 그럴듯해 보이는' 생각이나 표현이 모두 논리라는 이름으로 포장되는 상태다.

그렇게 되면 궤변(상대편을 이론으로 이기기 위해 상대편의 사고를 혼란시키거나 감정을 격앙시켜 거짓을 참인 것처럼 꾸며대는 논법)도 논리가 된다. 어떤 명제나 판단, 주의(主義, ism), 주장이 궤변이라면 그것은 윤리적으로도 바르지 않다. 거짓을 참인 것처럼 꾸미는 주장이라는 뜻풀이에 비춰볼 때 궤변을 마땅하고 바람직하다고 판단할 수 없다. 그렇다면 이는 '궤변논리'라는 표현도 성립할 수 없다는 것을 증명한다. 빅카인즈에 따르면 궤변이라는 말은 최근 10년 동안 국내 매스미디어에 1만 6,053건 등장했다. 궤변이라는 말이 거의 일상적 용어가 되다시피할 정도로 많다. 2011년에는 870건이었으나 2012년 1,307건, 2013년 1,578건, 2017년 1,407건, 2019년 2,152건, 2020년 2,536건으로 점점 늘어나는 추세다. 2021년은 2,056건 등장했다. 궤변(무엇이 과연 궤변인지와는 별개로 자기의 주장을 강화하고 상대방을 공격하는 말로 쓰이는 경우가 많다)이라는 표현이 매스미디어에 넘치면 이는 어떤 주장의 윤리성이나 사회성은 점점 낮아진다는 것으로 볼 수 있다. 논리에 대해 더 엄격한 이해가 필요한 이유이다.

어떤 표현이 논리적이라면 설득력이 있다는 의미와 마찬가지라는 주장이 있다. 그렇다면 이는 어떤 표현이 논리적이지 못하다면 설득력이 떨어진다는 의미인가? 설득은 상대방의 동의, 나아가 공감을 얻는 과정이나 결과이다. 설득은 상대방이 누구이고 어떤 상태인지에 따라 아주 달라진다. 뜻을 같이하는 사람들인 특정 진영 안에서는 설득이 비교적 쉽고 그렇지 않을 경우에는 설득이 어려울 가능성이 높다. 만약 그럴듯한 궤변을 논리적인 표현으로 포장해서 주장할 경우 과연 그 설득은 윤리적으로 타당한 것일까 하는 문제가 생길 수 있다. 궤변은 상대방을 속이는 의도에서 나오는 주장이고 표현인데, 상대방이 궤변에 속아 넘어가면 설득이 아니라 반(反)사회적인 범죄와 가깝다.

흑백논리보다 회색논리

흑백논리라는 말은 국어사전에 나오지만 '회색(灰色)논리'라는 말은 없다. 흑백논리를 사전은 '모든 문제를 흑백, 선악, 득실의 두 가지 극단으로만 구분하고 중립적인 것은 인정하지 아니하려는 편중된 사고방식이나 논리'라고 풀이한다. 흑백논리는 바람직하지 않다고 하겠지만 그렇다고 이런 말을 사전에서 없애거나 일상에서 쓰지 않도록 강제하는 것은 불가능하다. 나는 그것을 좀 개선하기 위한 방법으로 '회색논리'라는 말이 사전에 표제어로 들어갔으면 하는 생각을 해본다.

'회색', 즉 '잿빛'을 국어사전은 '정치적 또는 사상적 경향이 뚜렷하지 아니한 상태의 비유'라고 풀이하는데, 이는 회색이라는 말에 대한 부정적 뉘앙스를 준다. '회색분자(灰色分子)'나 '회색지대'는 사람이나 상태가 분명하지 않아 이것도 저것도 아닌 어정쩡한 모습을 나타내는 의미로 쓴다. 이것이냐 저것이냐, 즉 흑(黑)이냐 백(白)이냐 같은 사고방식의 뿌리는 아리스토텔레스 이후 지금까지 사람들의 생각에 영향을 미치는 배중률(모순율, 동일률)에서 그 원인을 찾을 수 있다. 배중(排中)은 '이것도 저것도 아닌 중간을 배척함'이라는 국어사전의 풀이처럼 매우 경직된, 즉 유연하지 못한 사고방식이다.

배중률은 'A는 A이다. A가 A이면서 동시에 A가 아닐 수 없다' 같은 법칙으로 불린다. 삶의 세계에서 배중률은 보편적인 법칙이 되기 어렵

101

다. 일상에서 흔히 쓰는 "살아도 사는 게 아니다", "죽어도 죽은 게 아니다", "먹어도 먹는 게 아니다", "먹지 않아도 배가 부르다", "웃어도 웃는 게 아니다", "울어도 우는 게 아니다", "시원섭섭하다", "하루가 삼 년이다(일일여삼추)", "하루는 길고 1년은 짧다", "물러나는 것이 나아가는 것이다" 등은 배중률에 어긋나는 모순된 표현이지만 삶의 차원에서는 오히려 상황을 더 잘 드러내는 표현으로서 의미가 있다. "죽느냐 사느냐, 그것이 문제다"라는 표현이 가능한 상황이 있고 동시에 "죽어도 살고 살아도 죽는다, 그것이 문제다"라는 표현도 가능하다. 이순신 장군이 임진왜란 때 강조한 "생즉사, 사즉생" 즉, "사는 것이 죽는 것이고 죽는 것이 사는 것이다(비겁하게 살려고 하면 오히려 죽을 수 있고 죽기를 각오하고 싸우면 오히려 산다는 의미)" 같은 표현도 배중률로는 설명할 수 없는 현실을 드러낸다.

이와 같은 생각을 하면 삶의 많은 모습은 이것이냐 저것이냐라기보다는 이것인지 저것인지 헷갈리는 경우가 많다. 오히려 어렴풋하고 흐릿하고 모호한 회색(잿빛) 같은 경우를 자주 보게 된다. 이는 삶의 모순이 아니라 삶의 풍경이 본디 그런 것일지도 모른다. 좀 극단적으로 말하면 사람이 무엇을 명확하게 인식하고 판단하는 것은 불가능할 수 있다. 아주 사소한 일이나 현상(드러남)도 그런 일을 둘러싼 상황과 원인은 매우 복잡하다. 이유나 원인은 좁고 가까운, 넓고 먼, 크고 작은, 직접적이고 간접적인, 일반적이고 특수한 측면이 얽혀 있다. 서로 관련이 있는 관계인지, 구체적으로 원인과 결과라고 할 수 있는 관계인지 판단하기 어려운 상황이 매우 많다. 이는 무엇을 느끼고 인식할 때 유연하고 개방적인 태도가 요청되는 이유이기도 하다. 흑백논리는 회색논리와 짝을 이루면 삶의 상황을 아는 데 도움이 될 수 있다. 경계가 명확하지 않고 애매모호한 모습이 많은 삶의 현장에서는 회색의 실용적 아름다움을 느끼는 감수성이 필요하다.

　논리와 짝을 이뤄 쓰는 합리(合理)를 생각해본다. 합리는 '이론이나 이치에 합당함. 논리적 원리나 법칙에 잘 부합함'으로 풀이된다. 합당(合當)은 마땅함(當)에 알맞음(合)이므로 윤리적 성격이 들어 있다. 부합(符合)은 들어맞는다는 뜻인데, 들어맞아야 하는 짝은 마땅함이라는 점에서 합당과 마찬가지로 윤리적 성격이 있다. 어떤 경우에도 윤리적 성격은 100퍼센트는 아니더라도 그것을 향해 가능성을 열어두는 개방적이고 보편적인 바탕이 필요하다. 어느 한 부분에만 통하는 논리를 논리라고 할 수 없는 것처럼(그래서 진영논리, 흑백논리라는 표현은 네모난 원이나 둥근 사각형처럼 성립할 수 없는 표현이다) 어느 한 부분에만 통하는 합리는 합리하고 할 수 없다. 2021년 9월 연쇄 살인범이 15년을 교도소에서 복역한 뒤 출소하여 또 범죄를 저질렀다. 관련 보도에 따르면 이 사람은 범행 이유에 대해 자본주의 사회 탓이라며 '자신을 합리화했다'라고 되어 있다. 범죄를 저지른 이유에는 여러 가지가 있을 수 있지만 그가 "자본주의 때문에 그렇게 했다"라고 하면 그 주장만 표현하는 데 그쳐야 하는데도 기자는 범인의 말을 "합리화했다"라고 표현했다. 이런 경우는 종종 볼 수 있는데 합리라는 말에 대한 엄밀한 이해가 부족하기 때문일 것이다.

합리와 비합리는 알맹이 빠진 말

「합리적인, 너무나 합리적인」이라는 제목의 칼럼(중앙일보 2019년 10월 25일자)을 살펴본다. 집권한 여당과 정부의 정책을 비판하는 내용이다. 즉, "'합리'라는 단어의 사전적 풀이는 '이치에 맞다'다. 왠지 공허한 뜻풀이다. 목적에 맞는 최적의 수단을 찾는다는 뜻이 훨씬 현실적이다. 막스 베버가 말한 '목적 합리성'이다"라는 주장과 함께 합리성을 '닫힌' 합리성과 '열린' 합리성으로 구분한다. 닫힌 합리성이란 특정 정치적 진영 내에서 통하는 합리성이고 열린 합리성은 진영을 넘어서는 합리성으로 이해한다. 국민은 닫힌 합리성과 열린 합리성의 싸움을 해야 한다는 주장을 하고 있다. 이는 진영논리라는 말처럼 합리 또한 '진영합리'라는 의미로 느껴진다.

진영논리라는 표현이 논리라는 말의 윤리성과 보편성에서 동떨어진 모습인 것과 마찬가지로 진영합리라는 표현도 성립하기 어렵다. 합리 또는 합리적 성격은 그 자체로 윤리적이고 보편적인 특징을 살려야 하는 것이므로 여기에 다시 열린 합리(성)이나 닫힌 합리(성)을 구분하고, 닫힌 합리(성)은 타당하지 못하고 열린 합리(성)은 타당하다는 것처럼 말하는 것은 바르지 않다. 합리가 어떤 주장을 옳거나 타당한 것처럼 보이도록 하는 수단적 방편으로 전락해버리기 때문이다.

사람의 행동이나 판단, 선택(인식 작용인 판단이나 선택도 행동의 한 가지이다)은 철학이나 문학뿐 아니라 사회학이나 심리학, 정치학 등 많은 학문에서 관심을 갖는다. 그중에서 경제학은 사람의 행동이 어떤 상황에서 합리적인가 비(非)합리적인가를 기준으로 이론을 체계적으로 세운다. 근래 들어 세간의 관심을 많이 받는 행동경제학이 내세우는 대전제는 사람의 행동이나 판단, 선택에 비합리적인 경향이 강하다고 본다, 이는 이전의 주류 고전경제학이 사람을 합리적 판단이나 선택을 하는 주체로 보는 것과 구별된다.

1990년대 들어 확산된 행동경제학은 기존의 '사람은 합리적인 경제주체'라는 틀을 바꾸려는 시도이다. 사람의 행동은 상당 부분 합리적이지 않다는 주장이다. 이런 흐름을 주도한 리처드 탈러(세일러) 교수는 '넛지(nudge, 사람의 행동을 바꾸는 부드러운 개입으로 풀이할 수 있다)' 개념을 통해 사람의 비합리적 행동 패턴을 세상에 널리 알렸다. 2010년 국내에 번역돼 소개된 『넛지』라는 책에 따르면 "넛지가 당신의 모든 행동을 결정한다"라는 주장을 편다. 사람은 정황이나 맥락의 사소한 변화만으로도 큰 영향을 받는다고 한다. 넛지는 명령이나 지시가 아니지만 쉽게 넛지를 당한다고 본다. 그 이유 가운데 하나는 사람들이 어떤 '틀'에 따르는 것을 좋아하기 때문이라고 분석한다. 예를 들어 환자가 수술을 선택해야 할 상황에서 의사가 "이 수술을 한 100명 중 90명이 살았다", 혹은 "이 수술을 한 100명 중 10명이 죽었다"라고 할 경우 두가지 표현은 같은 의미다. 그런데도 이를 받아들이는 환자의 반응은 매우 다르다는, 즉 프레이밍 효과(framing effect)를 보인다고 주장한다.

사람들이 자신에게 가장 효과적이라고 생각되는 선택을 해야 하는 상황과 마주했을 때 합리적인 태도를 보인다거나 비합리적인 태도를 보인다거나 하는 주장은 확고부동한 진리가 아니라 임시로 내세우는 가정(假定, hypothesis)이고 가설(假說)일 뿐이다. 개인적 경험에 비춰 보더라도 이전에는 합리적이라고 판단하여 선택한 행위가 시간이 지나면 상황 변화와 함께 비합리적이었다고 판단이 되는 경우가 있다. 그 반대도 마찬가지다. 2021년 11월『승자의 DNA』라는 책(앤드루 로버츠 지음)이 국내에 번역, 출간됐다. 전쟁의 역사를 연구하는 저자는 넬슨 제독과 나폴레옹 등 세계사에 족적을 남긴 지도자들의 행동을 분석하고 그 공통점으로 '때에 맞는 비합리성'을 꼽았다. 당시 이런 사람들의 행동은 비합리적이라고 비난을 받았지만 결과적으로 성공을 거두면서 비합리적 판단(선택)이 매우 합리적인 판단이었다는 평가를 받게 됐다고 주장한다. 이와 같은 사례는 세계사를 연구하지 않더라도 많은 사람들이 일상에서 종종 겪는 일이다.

'인간은 합리적 동물이 아니라 합리화하는 동물이다'라는 말이 있다. 분명하게 판단할 수 있는 정보나 데이터가 없을 경우 사람들은 우선 어떤 일이나 현상에 대해 싫고 좋음 같은 호오(好惡)의 감정으로 판단하기 쉽다. 이 과정에는 개인의 가치관이나 인생관, 세계관 같은 프레임(사고방식)이 개입하여 작동한다. 이성의 기능과 가까운 것으로 느껴지는 합리성은 이 과정을 나중에 정당화하는 데 작용한다.

매스미디어에 보도된 논리 관련 내용 몇 가지를 살펴본다. 매스미디어는 대중의 의식에 미치는 영향이 상당히 크므로 사람들이 논리에 대해 어떤 인식을 가지는지 엿볼 수 있는 중요한 통로가 된다.

어떤 변호사는「논리보다 호감이 더 중요한 이유」라는 제목의 칼럼(한국일보 2018년 5월 29일자)에서 "누군가를 설득하기 위해 논리와 근거를 내세운다. 하지만 썩 결과가 좋지 않다. 이성적 존재인 인간은 당연히 논리와 근거로 설득되어야 하는데도 말이다…(중략)…인간은 논리보다 자신이 호감을 갖는 사람의 말에 더 잘 설득된다는 불편한(?) 진실을 간과하지 말고 갈등 상황에서 어떻게 처신해야 할지 현명하게 생각해볼 일이다. 호감을 얻지 못한 채 오로지 논리만으로 상대방을 설득하려고 갖은 고생을 하고 있진 않은지 돌아볼 일이다"라고 주장했다. 논리라는 말에 대한 부정적인 인식이 주장의 바탕에 놓여 있음을 알 수 있다.

어느 대학 교수는 「문재인 정부의 '진영논리 소통'… 국민 공감 얻기 어려워」라는 제목의 칼럼(중앙일보 2020년 9월 21일자)에서 "지금 정부 소통의 특징은 '선택적 소통'이다. 소통은 진영논리에 갇혀 있다. 지지층과 반대층을 나눠서, 포용과 배제 기준을 적용한다…(중략)…소통의 가장 큰 장애물은 타인의 생각이 아니라, 변하지 않는 자의식일 경우가 많다. 정부의 편의적, 선택적 소통은 국민의 공감을 얻기 어렵다"라고 주장했다. 정부의 소통 방식을 진영논리로 규정하여 논리에 대한 부정적 인식을 보여준다. 어떤 대학 교수는 「젠더갈등의 함정은 정치화와 진영논리」라는 제목의 칼럼(한국일보 2021년 10월 27일자)에서 "해답은 합리적 의사소통이다. 젠더갈등의 정치화와 진영논리는 합리적 소통의 사장 큰 장애이다"라고 주장했다. 논리와 합리를 말하고 있지만 구체적으로 어떤 논리 또는 합리인지에 대한 설명이 없다.

어떤 저널리스트는 「포용성장, 성공하려면 좌우 극단논리 깨라」라는 제목의 칼럼(서울신문 2018년 12월 14일자)에서 다음과 같이 주장했다. "한국 경제는 지금 암울한 이분법적 진영논리에 갇혀 있다. 정치권의 좌우 진영논리의 연장선상이다. 보수진영의 논리는 설득력이 떨어진다. 진보진영의 경제적 인식 또한 우려스럽다. 포용성장은 성장 분배

우선주의의 경도된 좌우 진영논리를 배격하고 성장과 분배의 선순환 구조를 만드는 작업이다"라고 주장했다. 진영논리라는 것이 매우 부적절하다는 의미를 담고 있다.

또 어느 경제학 교수는 정부가 의욕적으로 추진하는 정책을 "거짓 논리로 국민을 수렁에 빠뜨리는 범죄"라고 규정한다. 김해 신공항 결과 보고에 대해서는 "억지 논리로 짜맞춘다"라는 보도가 나왔다. 정부가 이전 정부에서 설치한 4대강의 보(물을 막는 시설) 가운데 일부를 철거한다는 계획이 발표되자 "정치 논리로 보를 무너뜨린다"라는 보도가 많았다. 흑백논리를 우리 사회의 고질병으로 진단하는 보도를 비롯해 정치 논리가 경제 발전의 발목을 잡는다는 보도 또한 자주 접할 수 있다. 모두 논리에 대한 부정적 인식을 키우는 내용이다.

어떤 이치(理)인가

나는 논리와 비논리, 합리와 비합리를 말하는 많은 주장들을 접하면서 피상적이라는 느낌을 받는다. 단순화하여 말하면 논리(論理)는 이치(理)를 밝히고 말한다는 뜻이다. 합리(合理)는 이치에 들어맞는다는 뜻이다. 논리와 합리라는 말에서 핵심은 '이치(理, 이)'다. 이치(理致)는 '사물의 정당한(마땅한) 조리(條理, 앞뒤가 들어맞는 체계)'다. 이와 같은 풀이는 형식적이어서 구체적인 내용을 주지 못한다. 그렇지만 이치라는 말은 정당하다, 마땅하다는 의미에서 알 수 있듯이 윤리적 성격을 가진다는 점은 분명하다. "그것은 이치에 맞지 않는다"라는 표현은 "그것은 올바르지 않다"라는 의미이기 때문이다.

그럼 어떠한 이치인가? 삶의 세계에서 이치는 한 가지 기준으로 설명할 수 없다. 그런데도 논리적이고 합리적이라고만 하면 도대체 어떤 이치를 말하고 어떤 이치에 맞는지에 대해서는 아무런 내용을 주지 못한다. 이 부분에 대한 성찰이 부족하기 때문에 진영논리나 흑백논리처럼 논리라는 말을 타당하지 않게 적용하거나 사람의 복잡한 측면을 충분히 고려하지 않은 채 사람의 행동(선택, 판단)은 합리적 또는 비합리적이라고 단정하는 경우가 나타나지 않을까 생각된다.

리(理)는 『설문해자』에 "옥(구슬)을 다듬어 바르게 하다(治玉也. 치옥

야.)"라고 풀이한다. 옥이라는 돌은 예로부터 상징성이 크다. 『설문해
자』에는 옥의 다섯 가지 아름다운 덕(특성)을 말하는데, 인의지용혈(仁
義智勇絜, 어짊·의로움·지혜·용기·헤아림)이 그것이다. 치(治)는 대개 '다스릴
치'라고 읽는데, 그 뜻은 깊다. 국가와 사회, 가정을 다스리는 의미를
비롯해 병이나 상처를 보살펴 낫도록 하다, 사물을 용도에 맞도록 다
루어 다듬다, 어떤 상황을 편안하게 만들다, 우주 만물의 질서를 바르
게 하다라는 의미까지 포함한다. 치가(治家, 집안을 잘 돌봄), 치국(治國,
나라를 잘 다스림), 치도(治道, 세상을 잘 다스리는 길), 치리(治理, 잘 다스림),
치세(治世, 잘 다스려 편안한 세상), 치안(治安, 나라를 편안하게 함), 치유(治
癒, 병을 다스려 낫게함), 치화(治化, 사람들을 바른길로 다스림) 같은 용례를
보더라도 치(治)의 윤리적 특징을 알 수 있다.

리(理)의 뜻으로 치옥(治玉)은 개인과 공동체라는 삶의 여러 가지 측
면을 충분히 헤아리면서, 옥을 갈아 다듬듯이 바르고 조화롭게 유지
하고 성장시키는 태도와 노력이라고 할 수 있다. 논리와 합리의 구체적
인 내용이 될 수 있는 삶의 여러 이치는 다음과 같이 말할 수 있다.

○ 윤리(倫理)

○ 도리(道理)

○ 순리(順理)

○ 천리(天理)

○ 의리(義理)

○ 정리(情理)

○ 철리(哲理)

○ 법리(法理)

○ 물리(物理)

○ 사리(事理)

○ 공리(公理)

○ 심리(心理)

○ 생리(生理)

○ 섭리(攝理)

○ 성리(性理)

○ 인리(仁理)

이와 같은 이치에 어울려 들어맞는 것은 합리(合理)이고 진리(眞理)이
며 통리(通理)이다. 어긋나는 것은 비리(非理), 무리(無理), 위리(僞理), 불
륜(不倫), 패륜(悖倫)이다. 논리(論理)는 이들 이치가 어떤 구체적인 상황
에서 맞고 틀린지, 옳고 그른지를 판단하는 것이라고 할 수 있다. 법리
에 맞더라도 정리에 어긋난다면 삶의 세계에서는 반드시 옳다고 하기
어렵다. 이는 불법이나 위법을 정당화하는 차원이 아니다. 『논어』의
「자로」 편에는 정직함을 둘러싼 이야기가 실려 있다. 어느 지방의 행정
책임자가 공자에게 "우리 지역에 정직한 사람이 있는데, 아버지가 양을
훔치자 그의 아들이 그 일을 관청에 고발했다"라고 말했다. 이에 대해
공자는 "우리 지역의 정직함은 그와 다릅니다. 아버지와 아들이 서로
마음속을 태우면서 그 일을 드러내지 않습니다. 정직함은 그 가운데
있습니다"라고 대답했다. 다른 사람의 재산인 양을 훔치는 행위는 분
명히 범죄이므로 이를 아는 사람이 그 행위를 고발하는 것은 당연하
겠지만 공자는 다른 차원을 말한다. 절도죄를 부정한다기보다 부모와

자식의 인륜 또한 무시할 수 없다는 점을 보여주려고 한다. 삶의 이치는 미묘한 차원에서 진면목을 드러낸다.

합리라는 말은 한 가지 뜻이나 기준으로 규정할 수 없다. 어떤 상황이나 사태에 대해 그것이 합리적인가 아닌가를 판단하기 위해서는 그것이 윤리에 맞는가, 도리에 맞는가, 순리에 맞는가, 의리에 맞는가, 정리에 맞는가, 철리에 맞는가, 법리에 맞는가, 공리에 맞는가 등 그 이치를 최대한 확인할수록 삶의 진실에 다가갈 수 있다. 이와 같은 이치를 아우르는 이치는 '삶의 상황을 나타내는 무늬'로서 문리(文理)라고 할 수 있을 것이다. 문(文)은 대(大)와 같이 양팔을 벌린 사람의 모습을 그린 글자이다. 움츠린 모습이 아니라 당당하게 펼친 사람다움을 나타낸다. 이를 위한 과정이나 태도, 노력이 삶의 올바른 결(무늬)을 드러내는 논리의 바른 모습이라고 할 수 있다.

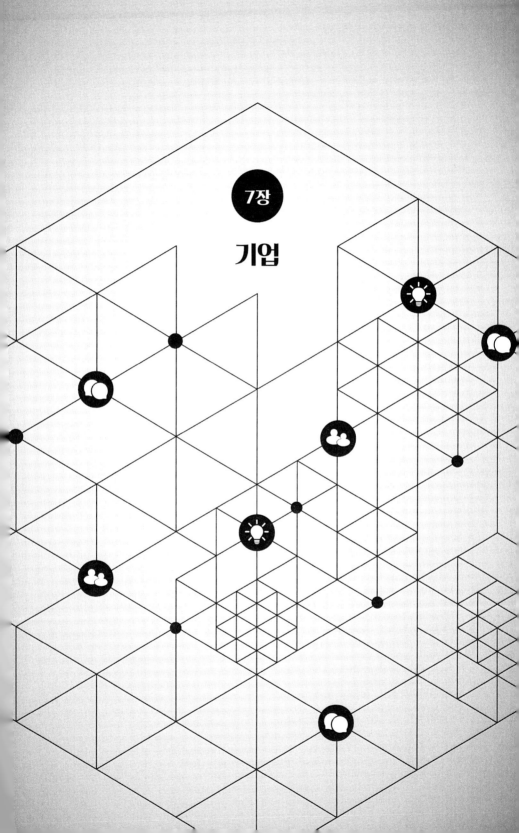

7장

기업

기업(企業, corporation) - 높은 발돋움

기업:

영리를 얻기 위하여 재화나 용역을 생산하고 판매하는 조직체

- 표준국어대사전

'기업의 사회적 책임', '멀리 내다보는 기업가 정신', '이타적 기업 가치', '기업가 정신 절실', '대학, 지자체에도 ESG 접목', '올해 취업 성패는 ESG'.

ESG(환경 보호, 사회적 책임, 지배구조 개선을 통한 투명 경영 등 기업의 사회적 책임과 역할을 적극적으로 강조하는 세 가지 요소)가 세계적으로 기업 경영의 새로운 가치 기준이 되고 있다. ESG가 기업의 지속가능성을 좌우하는 핵심 요소로 인식되면서 직원 채용을 위한 면접에도 이에 관한 질문이 필수 항목으로 들어가는 현상이 나타나고 있다(조선일보 2021년 9일 10일자). 이 때문에 취업준비생에게는 ESG가 왜 기업 경영에서 중요한지, 지원하는 기업은 이에 대해 어떤 노력을 하고 있는지, 지원자는 관련 활동을 한 경험이 있는지 질문하는 경우가 늘어나고 있다. 대학과 지방자치단체에도 ESG 위원회를 설치하여 교육과 연구, 행정에 접목하는 사례가 나타나고 있다. 언론사에는 ESG 전문기자가 등

장했다.

기업이 자신들의 이익만 독점적으로, 배타적으로 얻으려는 행태는 반(反)사회적 행태다. 기업이 생산하는 상품이나 서비스를 구입하는 소비자가 없다면 기업의 생산활동도 공허해지고, 결과적으로 기업을 유지하는 토대가 없어진다. 그래서 1950년대에는 CSR(사회적 책임) 개념이 등장했고, 2000년대 들어서는 CSV(공유가치 창출) 개념이 등장했다. CSR과 CSV가 기업 경영의 일부로서 사회적 책임을 요청하는 수준이라면 ESG는 기업 경영의 한 부분이 아니라 핵심 가치로서 강조되는 점에서 차이가 있다. CSR과 CSV가 기업 경영에서 선택적이고 수단적인 의미라면 ESG는 필수적이고 목적적 의미라고 할 수 있다.

'기업 경영에서 ESG 시대'라고 할 만큼 ESG가 큰 흐름이 된 배경은 넓은 의미에서 소비자 전체인 사회 환경이 이전과는 크게 달라졌기 때문에 그에 상응해서 나타나는 현상이라고 볼 수 있다. 기후변화와 같은 지구촌 차원의 공동 과제를 비롯해 국내적으로는 양극화 현상 등 사회가 힘을 모아 함께 극복해나가야 하는 문제가 이전보다 훨씬 많고 복잡해지고 있다. 이런 사회에서 경제 활동을 하는 주체로서 기업이 적극적으로 사회적 문제에 관심을 갖고 사회적 가치를 창출해야 마땅하다는 인식이 확산된 데 따른 현상이다.

기업이 생산하는 제품을 구입하는 소비자가 기존의 고객 개념이라면 ESG 차원에서 고객은 사회 전체, 나아가 인류 공동체라고 할 수 있다. ESG를 잘하면 기업의 이익도 늘어나는 사회적 환경이므로 ESG는 사회 공헌 활동이 아니라 기업의 존립과 성장을 위한 토대 그 자체이다. 피터 드러커는 1969년 출간한 『단절의 시대(The Age of Discontinuity)』에서 이미 '기업의 사회적 책임(social responsibility of business)'이 중요하다고 강조했다. 요즘 세계적 흐름이 된 ESG는 그동안 기업이 사회적 책임에 소홀했다는 측면을 보여준다.

기업의 인륜적 책임

이와 같은 차원을 생각하면 기업에 관한 국어사전의 풀이는 매우 좁다. 사전의 정의(뜻풀이)를 시대와 사회의 흐름에 따라 새롭게 등장하는 내용을 그때그때 보완하기는 어려운 일이다. 대신 기업은 국가 사회를 지탱하는 데 핵심 역할을 하기 때문에 그 개념의 뜻을 최대한 보완하면서 이해할 필요가 있다.

2021년 7월 유엔무역개발회의(UNCTAD)는 우리나라의 지위를 개발도상국에서 선진국 그룹으로 변경했다. 이 회의가 1964년 설립된 후 개발도상국 그룹에서 선진국 그룹으로 상승한 경우는 우리나라가 처음이다. 우리나라가 선진국 클럽으로 불리는 경제협력개발기구(OECD)에 1996년 가입하는 등 이미 개발도상국을 졸업한 것으로 국제사회에서 평가받고 있었지만 유엔 기구를 통해 공식적으로 선진국으로 인정된 일은 의미가 다르다. 그런데도 이 일을 축제처럼 받아들이는 사회 분위기는 덜했다. 우리가 흔히 일상이나 사회적으로 자주 "선진국은 이러이러한데 우리나라는 아직 이러이러하다"라는 식의 표현을 하곤 했다. 이런 분위기를 반영하기 때문인지 "우리나라는 선진국인가"라는 질문에 20대는 64%, 30대는 52.6%, 40대는 54.6%, 50대는 55.8%가 "그렇다"라는 여론조사 결과(문화일보 2021년 11월 2일자)가 있었다. 국민 상당수는 여전히 우리나라를 개발도상국으로 인식하고 있음을 보여준다. "어떤 순간에 우리나라가 선진국이 되었다고 느끼는가"라는 질문에는 △삼성, LG 같은 글로벌 기업이 좋은 성과를 낼 때 △국제 행사에서 우리나라가 주도적인 역할을 할 때 △민주적 정권교체 등 민주주의의 원활한 작동 △방탄소년단 등 우리나라 문화 역량이 인정받을 때 등을 꼽았다.

선진(先進)은 발전의 단계나 정도가 다른 것보다 앞서는 것이므로 상대적인 의미가 있다. 정치, 경제, 사회, 문화 등 나라의 많은 분야에서 앞서야 명실상부 선진국이라고 느낄 수 있다. 경제적 역량이 높지만 사회에 불신이 많다면 선진국으로 느끼기 어려울 것이다. 그렇지만 UNCTAD가 한국을 선진국으로 공식 인정한 만큼 "선진국은 어떠한데 우리는 아직…" 같은 말도 더 이상 할 필요가 없지 않을까 싶다. 이제는 개인적으로나 사회적으로, 국가적으로 모든 사안을 우리 자신의 기준을 높은 수준에서, 즉 선진적(先進的)으로 설정하고 진단하고 개선하는 노력을 하면 될 일이다.

선진국은 무역 규모 같은 좁은 의미의 경제(넓은 의미에서 경제는 경세제민이라는 종합적 국가 역량이 높은 수준이라고 할 수 있다) 역량을 기준으로 하는데, 여기는 기업의 역할이 매우 중요하다. 문화예술과 스포츠의 국제적 역량도 기업의 지원으로 성장하는 경우가 많다. 우리 기업이 세계 각국에서 최고 수준의 제품을 판매하면서 쌓은 '세계 10대 경제대국'이라는 성과는 국력의 뚜렷한 상징으로 평가받는다. 그런데도 반(反)기업 정서를 극복하고 기업가 정신을 살려야 한다는 분위기가 상당히 많은 편이다. 박영렬 한국경영학회 회장(연세대 교수)은 「기업가 정신을 살려야 한다」는 제목의 칼럼(매일경제 2021년 10월 6일자)에서 "1세대 창업자들의 기업가 정신은 사라지고 우리 기업은 경제적 가치 창출에만 온 힘을 기울였다. 우리 기업이 국가와 국민보다는 글로벌 경쟁에서 살아남기 위한 기업 확장에만 몰두하면서 한국적 공유가치 창출은 길을 잃기 시작했다. 결국 우리 기업은 반기업 정서의 늪에 빠졌고 우리 경제의 발전에 큰 역할을 했음에도 불구하고 우리 사회로부터 그 가치를 인정받지 못하고 있다"라고 진단했다. 이어 "지금까지 우리에게 익숙한 우리나라만을 위한 기업가 정신이 아니라 인류를 위한 기업가 정신을 추진해야 한다"라고 강조했다. 반기업 정서를 위해서는 시대에 맞는 새로운 기업가 정신이 필요하다는 의미가 다가온다.

경영은 공동체라는 베 짜기

기업가 정신은 무엇일까? 기업가 정신은 누구에서부터 시작하면 좋을까? 기업인과 학자들의 의견을 보면 국가는 기업이 최대한 자유롭게 경영을 할 수 있는 환경을 만들고 경영인들은 투자와 고용을 통해 기업을 성장시키는 활동을 왕성하게 펼 수 있는 의지와 태도, 노력을 기업가 정신이라고 하는 것 같다. 경영학자들은 기업가 정신을 위기를 기회를 바꾸는 혁신적 노력으로 규정하는 경우가 많다. 이와 같은 기업가 정신이 발휘되려면 국가는 기업이 마음껏 기업활동을 할 수 있는 환경을 만들어야 한다는 주장을 편다. 피터 드러커는 『단절의 시대』에서 기업가 정신(entrepreneurship)을 "새로운 것, 기존과 다른 것을 창출하는 능력이다"라고 정의한다. 새로운 기대를 일으키고 새로운 기준을 세우고 새로운 만족을 충족시키는 능력을 말한다.

나는 기업의 개념을 '새로움의 관점에서' 법인체로서의 기업 개념과 다르게 규정해보려고 한다. 그렇게 할 경우 기업가 정신의 주체도 법인체 기업의 경영인과는 달라지고 의미도 확대될 수 있다.

먼저 경영(經營)이라는 말을 살펴본다. 경영은 『서경』의 「주서(周書, 주나라 기록)」, 「소고」 편에서 보이는데, 경영이라는 말이 등장하는 가장 오래된 문헌으로 추정된다. 나라의 새 도읍지를 결정한 뒤 "경영을 시작했다(則經營. 즉경영.)"라는 구절이다. 표면적 의미는 도읍을 조성하기 위해 측량을 하고 건물을 짓는 사업을 시작한다는 것이다. 도읍은 나라의 중심이고 상징이므로 경영은 단순히 건축 공사가 아니라 더 확장된 의미를 찾아보는 것이 필요하다.

경(經)의 기본 의미는 베(피륙)을 짜는 일이다. 그래서 『설문해자』에 "베를 짜는 것이다(織也. 직야.)"라고 했다. 베를 짜는 것은 날줄과 씨줄이 맞물려야 가능하다. 이는 국가 또는 사회 공동체에서 살아가는 사람들의 관계를 베를 짜듯 연결한다는 의미라고 볼 수 있다. 도읍을 조성하는 목적도 이를 위한 일이다. 공동체는 베를 짜듯 이루어진 조직(組織)이기 때문이다. 더 구체적으로 경(經)은 베를 짤 때 세로로 놓는 실(날실)이다. 가로로 놓는 실(씨실)은 위(緯)이다. 날줄과 씨줄, 즉 경위(經緯)가 엮이며 어울려야 베를 짤 수 있기 때문에 질서 있고 가지런한 진행이 필수적이다. 경(經)은 이와 같은 경위의 줄임말로 볼 수 있다. 영(營)은 '집을 짓다, 헤아리다, 논밭을 가꾸다, 일정한 경계 안에 모여 살다'의 뜻이다. 경(經)과 영(營)의 의미를 합하면 경영은 베를 바르게 짜야 하는 것처럼 공동체의 삶을 바르게 가꾸는 태도와 노력이다. 경영을 영어의 '매니지먼트(management)'처럼 기업을 운영하는 활동으로만 인식하면 그 뜻을 매우 좁혀버린다.

개인과 공동체의 삶을 개선하고 향상시키는 노력이 경영이므로 여기에는 특별한 태도(態度, attitude)가 요구된다. ESG를 통해 기업의 사회적 가치를 높이는 노력도 공동체의 삶을 더 향상시키기 위한 노력이라고 볼 수 있다. 이는 기업 경영의 의미를 확장하고 높이는 것과 같다. 이와 같은 차원에서 기업과 경영을 연결하기 위해서는 경영이 기업 운영 활동보다 높은 차원의 개념이라는 점을 증명할 필요가 있다.

나는 그 실마리를 기업의 '기(企)'에서 찾고 싶다. 기(企)는 대개 '꾀할 기'로 읽는다. 무엇을 꾀한다는 것은 '어떤 일을 이루기 위해 뜻을 두거나 힘을 쓰는 행위'이다. 이는 평면적 의미여서 기(企)에 들어 있는 입체적 의미를 드러내지 못한다. 『설문해자』는 "발꿈치를 높이 들어올리는 것이다(擧踵也. 거종야.)"라고 풀이하는데, 그 의미가 깊다. 눈앞의 이해관계가 아니라 멀리 내다보면서 높고 깊고 넓은 이해관계를 살피고 계획한다는 뜻이 들어있기 때문이다. 거(擧)는 물건 같은 것을 들어올린다는 기본적인 뜻에서 '일으켜 세우다, 높이 움직이다, 낳아 기르다'의 뜻이 나온다. 종(踵)은 발꿈치라는 기본 뜻에서 '잇다, 계승하다'의 뜻이 나온다.

거종(擧踵)은 "무엇을 잘 발돋움하여 잘 계승한다"라는 의미다. 발돋움은 발끝만 디디고 서는 모습인데, 이는 현재 상태에 대충 만족하면서 지내는 것이 아니라 더 나은 상태를 적극적으로 펼치는 태도이다. 기(企)는 향상심(向上心)이다. 기대(企待), 기획(企劃) 등 기(企)가 들어가는 글자에는 대부분 지금 상태보다 나아지려는 향상심이 놓여 있다. 학기(鶴企)는 두루미처럼 목을 길게 빼고 발돋움하여 바라본다는 말인데, 무엇을 간절히 바라는 모습을 나타낸다. 이런 맥락을 보면 기업(企業)은 "나아지는 태도와 노력을 끊임없이 추구하고 이루어내는 일"이라고 규정할 수 있다.

발돋움은 '북돋움'이라는 말과 잘 어울린다. 돋우다는 무엇을 위로 끌어올리거나 높아지게 하는 행동인데, 여기서 의욕이나 의지를 일어나게 한다는 의미가 나온다. '북'은 식물의 뿌리를 감싸고 있는 흙이다. 뿌리는 흙이 없으면 뿌리를 내릴 수 없다. 집에서 키우는 작은 화분도 물을 적절히 주면서 세심하게 가꾸지 않으면 제대로 자라기 어렵다. 이런 과정이 북돋움(북주기)이다. 산천에 뿌리내리면서 자라는 초목은 자연(自然, 스스로 그러함)의 힘으로, 즉 스스로 북돋우는 작용의 결과라고 할 수 있다. 사람의 일도 이와 같은 자연을 본받아 북돋우고 발돋움할 수 있어야 바람직한 결과를 낳을 수 있지 않을까. 좁은 의미에서 주식회사 같은 기업은 넓은 의미에서 자연의 북돋움으로서 기업을 추구할 때 넓고 깊고 높은 차원으로 나아갈 수 있을 것이다. ESG는 기업과 뗄 수 없는 사회 공동체와 맺는 관계를 더욱 넓고 깊고 높은 차원으로 높이려는 북돋움, 즉 향상심이라고 할 수 있다. 그렇게 함으로써 기업은 한 단계 더 성장하는 발돋움을 이룩할 수 있다.

2020년 별세한 이건희 전 삼성그룹 회장이 남긴 말에서 이와 같은 북돋움과 발돋움을 느낄 수 있다. 향상심이 삼성을 오늘날 세계 수준의 기업이 되도록 뒷받침한 원동력이라고도 할 수 있다. 이 전 회장의 말을 몇 가지 음미해본다. 그가 1997년 출간한 『생각 좀 하며 세상을 보자』에 들어 있는 내용이다(중앙일보 2020년 10월 26일자).

○ 기업은 30년 앞을 내다보고 일을 구상해야 한다. 30년 후의 고객과 국가, 그리고 세계를 위해 무엇을 할 것인가를 지금부터 준비해야 한다.

○ 고기가 물을 떠나서 살 수 없듯이 기업도 사회를 떠나서는 살 수 없다. 기업인은 사회에 대해 '눈에 보이지 않는 책임'이 훨씬 크다는 것을 인식해야 한다.

○ 복잡한 세상에 답이 하나일 수는 없다. 다양성을 수용하는 가치관을 갖고 모순을 조화시키는, 한 차원 높은 경영이 필요하다.

○ 신바람은 (직원을) 인간적으로 대우해서 '이 회사, 이 조직이 내 것

이다' 하는 생각이 들어야 절로 나는 것이다.

○ 전투가 직접 몸을 부딪쳐 싸우는 것이라면, 전략과 전술은 눈에 보이지 않는 적과 싸우는 것으로, 경영자가 늘 염두에 두어야 할 부분이다.

○ 국제사회에서 평이 좋아야 한다. 또한 인간미와 도덕성을 일의 판단 기준으로 삼아야 한다.

○ 남이 먼저 변하기를 기다리고 있으면 변화는 없다. 나 자신부터 양보하고 나부터 변해야 한다.

○ 기업도 단순히 제품을 파는 데서 벗어나 기업의 철학과 문화를 팔아야 한다.

○ 흑백론적 시각에서 벗어나야 급변하는 환경과 다양한 가치관이 공존하는 국제사회에 적응한다.

○ 이제 산업간 구분은 무의미하다. 자동차가 전자와 합치고 중공업과 전자가 합쳐진다. 합치면 신산업과 신기술이 나오고 새로운 사업 기회도 생긴다.

○ 앞으로는 공해 없는 기업, 지구와 자연을 해치지 않는 기업, 인류에 해가 되지 않는 기업만이 살아남는다.

이와 같은 말에 귀를 기울여보면 25년 전에 펴낸 책에 담긴 내용이라고는 믿기지 않을 정도로 북돋움과 발돋움으로 기업의 본질에 닿는다는 느낌이 든다. ESG라는 가치도 이미 명확하게 들어 있다. 지금까지도 그러한 것처럼 앞으로도 이와 같은 넓은 의미의 기(企) 철학은 오래도록 생명력을 이어갈 것임이 틀림없다.

발돋움으로 북돋움

새로 싹을 틔우는 기업(벤처기업, 스타트업기업)도 이와 같이 북돋움을 통한 발돋움이라는 성실하고 매력적인 과정을 거칠 때 큰 나무로 성장할 수 있다. 2019년 갑작스럽게 별세한 이민화 전 벤처기업협회 초대 회장은 여전히 벤처 창업가들에게 힘이 되고 있다. 1985년 카이스트(KAIST) 초음파 연구실 연구원이던 그는 동료들과 함께 의료기기 개발업체를 창업했다. 벤처라는 말이 낯설 때 국내 1호 벤처기업이었다. 벤처기업을 통해 나라를 부강하게 하려던 그의 열정은 '높은 발돋움'이라는 기(企)의 의미와 가치를 잘 보여준다. 실리콘밸리 벤처투자가 음재훈 씨는 「창업 생각하는 당신, 사람 끌어당기는 매력 있는가」라는 칼럼(조선일보 2020년 1월 28일자)에서 "내 경험상 능력 있는 창업자의 공통점은 사람을 끌어들이는 묘한 매력이다"라고 했다. 나는 그 인간적 매력을 북돋움과 발돋움에서 향기처럼 나오는 아우라(독특한 분위기)로 이해한다.

기업(기업의 의미와 가치를 고려해 좁은 의미의 기업은 경영이라는 표현과 구별해 운영을 쓰기로 한다. 운영이 경영으로 발돋움할 때 기업의 가치가 넓어지고 깊어지고 높아질 수 있다)의 핵심 가치로 거의 모두 고객을 꼽는다. 고객이 해당 기업의 제품을 외면하고 불신하는 순간 그 기업은 유지될 수 없기 때문에 고객이 기업 생존의 절대적인 존재라는 것은 너무나 당연하다. 고객에 대해 사전은 '물건을 사러 오는 손님'으로 풀이한다. 틀린 것은 아니지만 고객의 의미를 너무 좁힌다.

일본의 대표적인 전자부품 기업인 무라타제작소의 대표는 국내 언론과 가진 인터뷰(한국경제 2021년 10월 8일자)에서 "게임 체인저(기존 산업의 구도를 완전히 바꾸는 새로운 기술과 기업) 시대에 사업을 성장시키려면 먼저 고객의 정의를 바꿔야 한다"라고 강조했다. 전자 또는 화학 기업뿐 아니라 원격진료를 담당하는 의사, 인공지능을 활용하는 공장 등을 새로운 고객으로 만들어야 한다는 뜻이다. 이런 관점은 고객의 정의를 바꾸는 것이 아니라 거래처(소비자)를 확대한다는 의미로 보는 것이 정확하다.

고객(顧客)은 어떤 기업이 만든 제품을 구입하는 소비자와 구별하여 '사방을 둘러보면서 보살피고 예우(禮遇)하고 의지하는 사람'으로 규정할 수 있다. 고(顧)는 '사방을 둘러보며 자세하고 민첩하게 살피다, 마음에 새기면서 보살피다'의 뜻이다. 그래서 『설문해자』는 "민첩하게 사방을 둘러본다(還視也. 환시야.)"라고 풀이한다. 객(客)은 '마음을 기울여 의지하여 맡길 수 있는 사람'이라는 뜻으로 '寄也(기야)'라고 풀이한다. 이와 같은 의미를 담아 생각하면 기업의 고객은 기업 바깥의 손님이나 소비자에 앞서 기업을 함께 운영하는 구성원(직원)이라고 할 수 있다. 기업 구성원을 1차 고객이라고 한다면 소비자, 나아가 사회 공동체는 2차 고객이다. 기업은 1차 고객인 구성원들을 보살피고 의지하면서 그들이 모두 발돋움(企)하는 역할을 하도록 해야 2차 고객에 대한 보살핌도 자연스럽게 이어질 것이다.

세계 최대 인터넷 검색 서비스 기업으로 성장한 구글(Google)의 직원은 15만 명이다. 순다르 피차이 구글 경영자는 최근 직원들에게 솔직함과 정직함, 겸손함을 통해 개방성으로 구글을 성장시켜야 한다는 메시지를 공유했다고 한다(미국의 경제 전문 방송인 CNBC를 인용한 매일경제 2021년 12월 24일자 기사). 1998년 창업 후 23년 동안 성장하는 과정에서 설립 초기의 솔직하고 개방적인 기업 분위기가 경직되고 있다는 위기의식을 반영한 것으로 보인다. 이런 태도는 현재에 안주하지 않고 발돋움하는 노력으로 볼 수 있다. "최고의 기업은 경쟁에 초점을 맞추지 않고 어떤 방향을 향해 나아가는지에 초점을 맞춘다"라는 말이 있다. 높은 발돋움이 없으면 이와 같은 차원의 기업 경영은 어려울 것이다.

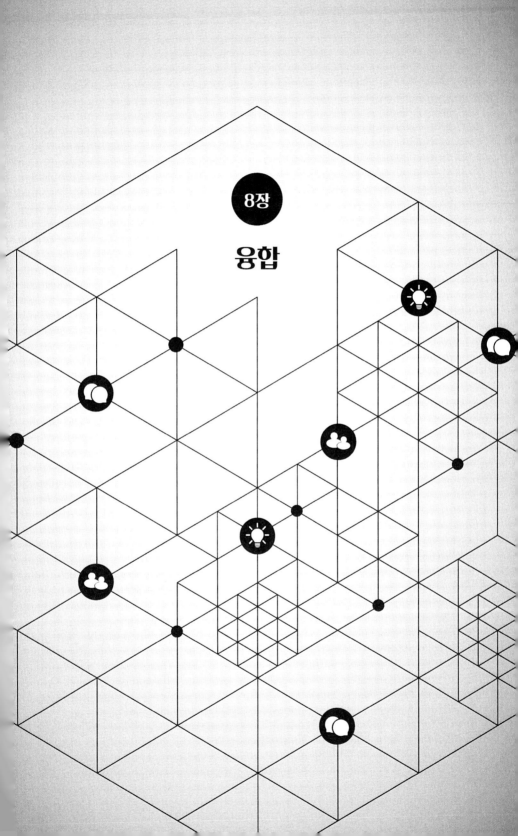

8장

융합

융합(融合, fusion) – 함께 먹는 따뜻한 밥

> 융합:
>
> 다른 종류의 것이 녹아서 서로 구별이 없게 하나로 합하여지거나
> 그렇게 만듦
>
> – 표준국어대사전

'창의융합형 인재 양성', '미래형 융합 인재', '대학들 융합학제 개편 활발', '첨단융합제품', '융합 서비스 확산', '융합으로 차별화', '융합연구 생태계 조성', '디지털 융합'.

융합이라는 말이 요즘처럼 유행어가 되다시피 하기 이전에 종종 접했던 경우는 수소폭탄을 만드는 원리로서 핵융합이 아닌가 싶다. 폭탄과 별개로 한국핵융합에너지연구원을 중심으로 핵융합을 통해 얻는 에너지로 미래형 에너지 개발하는 노력이 활발하다고 한다. 우리나라를 비롯해 세계적으로 많은 나라에서 핵융합에너지 연구를 경쟁적으로 펴고 있다.

융합이라는 말이 분야를 가릴 것 없이 너무 많이 쓰어 그야말로 '언필칭(말을 할 때마다 반드시) 융합'이라고 할 정도로 융합의 시대가 된 것같다. 빅카인즈 검색을 하면 최근 10년 동안(2011년~2021년) 국내 매스

미디어에서 융합이라는 말은 42만 9,204건 언급되었고 매년 4만 건 정도 꾸준히 등장하고 있다. 특히 교육과 산업 분야에서 융합은 융합교육, 융합전공, 융합교양, 융합학과, 융합대학원, 창의융합, 융합기술 같은 표현으로 큰 흐름을 형성하는 듯하다.

나는 융합이라는 말을 접할 때 그것이 결합(結合), 배합(配合), 복합(複合), 연합(聯合), 접합(接合), 조합(組合), 종합(綜合), 집합(集合), 통합(統合), 혼합(混合) 같은 말과 어떻게 다른지, 왜 하필 융합이라고 하는지 궁금하다. 합(合)이 들어가는 말은 대부분 '섞다', '버무리다'처럼 서로 다른 어떤 것들을 한데 합친다는 의미다. 결합 등 예로 든 용어들에는 모두 이와 같은 의미가 들어 있다. 융합이라는 말을 쓰지 않으면 어딘가 첨단과는 거리가 먼 느낌이 드는 듯하다.

부정적인 의미로 쓰이는 말 가운데 널리 알려진 경우는 '야합(野合)'이라고 할 수 있다. 야합은 섞음의 목적이 좋지 않을 때 쓰는 말이다. 사마천이 그의 『사기』에서 공자의 일생을 다룬 「공자세가」 첫 부분에 공자의 부모가 야합하여 공자를 낳았다고 표현한 사례가 역사적으로 유명하다. 여기서 야합은 정상적인 혼인 관계가 아닌 상태에서 공자를 낳았다는 의미다.

야합 이외에 합은 모두 긍정적인 뜻을 가진다. 서로 다른, 즉 이질적인 두 가지를 섞고 버무려 더 나은 어떤 상태를 만든다는 의미를 벗어나지 않는다. 합(合)은 '스(집. 세 개의 물건이 모여 있는 모양)'에 '口(구)'가 결합된 말이다. '口'는 '입 구'가 아니라 그릇 모양이다. 合은 뚜껑과 그릇이 결합된 모양으로 된 글자이므로 '여러 가지가 모여 하나로 된다'는 뜻이 된다. '나눈다'의 뜻을 가진 '분(分)'과 반대 의미다.

융합은 어떤 결합인가

융합이라는 말보다 결합이나 종합, 복합이라는 말이 일상적으로 더 쉽고 더 널리 쓰였는데도 융합이라는 말이 지금 더 많이 쓰이는 특별한 이유가 있는 것일까? 결합이나 종합, 복합, 통합이라는 말로도 충분하지만 조금 낯선 융합이라는 말을 씀으로써 어딘가 신선하고 특별하게 느껴지는 어감(뉘앙스) 때문일까? 여러 분야의 학문끼리 협력하여 새로운 성과를 내는 뜻으로 '학제간(學際間) 연구, interdisciplinary reserch)라는 말도 오래전부터 쓰여왔다. 이제 융합이라는 말도 부족하다는 의미에서인지 초(超)·융합, 융복합, 융결합 같은 말도 자주 쓴다.

융합에 대해서는 많은 이야기가 있지만 최양희 전 서울대 융합과학기술대원장(현 한림대 총장)이 「융합」이라는 제목으로 쓴 칼럼(한국경제 2020년 5월 10일자)을 살펴본다. 미래창조과학부장관을 역임한 그는 융합을 깊이 생각한 것으로 보인다. 그는 "융합대학원장에 갑자기 임명됐을 때(2009년) 가장 어려웠던 점은 융합이란 무엇인지 개념을 정리하는 것이었다. 미국에서는 나노, 바이오, 정보기술, 인지과학의 결합을 융합이라고 정의했는데, 과학기술에 국한한 융합은 아무래도 한계가 있는 듯싶었다"라고 했다.

최 총장은 "스티브 잡스의 명언인 '기술과 인문학(liberal arts)의 만남'에서 보듯이 융합은 뚝 떨어진 영역끼리 서로 자극할 때 효과가 극대화되므로 융합대학원은 정보기술, 나노, 바이오과학과 함께 인문학, 사회과학을 포용하는 극히 큰 그릇으로 융합의 터전을 새롭게 정의했다"라고 밝혔다. 그는 융합이란 무엇인가를 물으면서 "한 분야가 늘 해오던 방식으로 하지 않고 다른 분야의 방식을 도입해 큰 효과를 내는 것이라고 할 수 있다. 인공지능(AI), 빅데이터와 융합해 이런 혁신을 이루는 분야는 수없이 많다"라면서 최고 수준에서 융합이 이루어질 때 실패하지 않는다고 강조했다. 그러면서 "특히 대학의 학과 간 장벽을 크게 낮추는 것이 필요하다"라고 했다. 융합에 대한 많은 설명과 주장은 그의 이와 같은 이야기에서 크게 벗어나지 않을 것이다.

그렇지만 나는 이와 같은 이야기를 거듭 읽고서도 왜 이런 방식이 결합이나 종합, 복합이 아니고 융합이어야 하는지에 대한 의미는 잘 와닿지 않는다는 느낌을 받는다. 겉으로 다르게 보이는 것들을 결합하여 새로운 차원을 연다는 것은 동서고금의 상식이다. 15세기에 살았던 레오나르도 다빈치를 비롯해 19세기 우리나라의 다산 정약용, 추사 김정희 등 역사에 큰 이름을 남긴 사람들은 대개 '융합형' 인간이었다. 이질적인 것들을 결합하여 탄생한 발명품은 헤아릴 수 없을 정도다. 이렇게 보면 결합이나 종합, 통합, 연합, 혼합, 융합은 특별히 새로울 게 없는 개념이다.

최 총장의 말에 들어 있지만, 융합과 관련해 대학의 학과(전공) 장벽을 낮추고, 나아가 허무는 협력이 필요하다는 주장이 많은 편이다. 원론적이고 당위적 주장과 달리 현실적으로 대학의 학과 또는 전공의 경계를 허물고 통합하는 문제는 쉽지 않다. 이에 대해 학과나 전공의 폐쇄주의나 이기주의를 꼽는 경우도 적지 않다. 표면적으로는 이기주의로 비칠 수 있지만 실제로는 그렇게 보기 어려운 측면이 있다. 오랫동안 현실적 필요에 의해 형성된 현재의 학과 또는 전공은 그 분야에 대한 깊은 연구와 교육을 하기에도 벅찰 수 있다. 현재 많은 대학에는 복수전공 제도가 있다. 졸업장에는 두 가지 전공이 표시된다. A와 B라는 두 전공을 이수하는 데 필요한 학점을 취득해 졸업하는 경우, A라는 하나의 전공만 공부한 학생에 비해 B까지 전공했다면 개인 차이를 고려하더라도 두 사람의 A 전공에 대한 실력에는 차이가 날 수 있다.

흔히 인문 분야의 대표처럼 거론하는 표현인 '문사철(문학·역사·철학)'만 하더라도 학과나 전공으로 나누어 연구와 교육을 하고 있지만 뚜렷한 학문적 성취를 이룩하기가 쉬운 일이 아니다. 그런데도 융합을 강조하면서 학문이나 학과의 경계를 허물어야 한다는 주장은 현실을 외면하는 이야기로 들릴 수 있다. 필요한 경우 학제간 연구를 통해 종합적 연구를 하면 되지만 이 또한 각 학문 분야의 특성 등 복잡한 이유에서 말처럼 쉽게 추진하기 어렵다. 이와 같은 상황을 세밀하게 살펴보지 않고 "학과(전공)에 갇혀 융합을 소홀히 한다"라는 식으로 단정할 수는 없다. 오케스트라 단원 한 사람이 피아노와 바이올린 등 여러 악기를 어느 정도 연주할 수는 있겠지만 그렇게 하다가는 피아노와 바이올린 중 어느 한 가지 악기도 높은 수준의 연주 실력을 갖추기는 어려울 것이다. 오케스트라를 구성하는 수십 가지 악기는 각자 전공을 통해 전력(專力)을 쏟을 때 비로소 전체적으로 수준 높은 합주가 가능하다.

한 분야에 힘을 쏟는 전일(專一)이 중요한 이유는 깊이 파야 높은 수준에 도달할 수 있고, 그렇게 되는 차원에서야 새로운 경지가 열릴 수 있기 때문이다. 우선 각 분야(전공)에서 높은 수준에 도달한 다음 결합이든 종합이든 통합이든 추구해야 기존과 다른 새로운 차원을 열 수 있는 것이지, 그렇지 못한 상태에서 추진하면 부가가치가 별로 없는 결합에 그칠 가능성이 높을 것이다.

'영과후진(盈科後進)'이라는 말이 있다. 물은 구덩이(땅이 움푹하게 팬 곳)를 가득 채운 다음에야 비로소 진전할 수 있다는 의미다. 『맹자』의 「이루 하」 편에 다음과 같은 이야기가 실려 있다. 제자가 "공자께서 '물이여! 물이여!' 하면서 물을 칭송했는데, 그 이유는 무엇입니까?"라고 묻자 맹자는 다음과 같이 대답한다.

"샘물이 밤낮없이 졸졸 흘러나와 구덩이를 채운 다음에야 사방의 바다로 흘러들어간다. 뿌리가 있다는 것은 이런 모습을 가리킨다. 공자께서는 물의 이런 점을 칭송했다. 그런 뿌리가 없다면 여름에 비가 쏟아져 도랑에 물이 차지만 곧 말라버린다. 그러므로 자신의 실제 사람됨보다 소문이 더 알려지는 것을 훌륭한 사람이라면 부끄러워한다."

여기서 '구덩이(科. 과)'는 요즘으로 보면 다양한 학문 분야, '사방의 바다(四海. 사해)'는 융합의 세계라고 할 수 있다. 샘물의 원천은 비록 졸졸 솟아 흐르지만 밤낮 그치지 않아(不舍晝夜. 불사주야.) 결국 바다에 이른다고 하는 것은 성실함을 나타낸다. 과(科)라는 말의 이중적 의미를 음미할 필요가 있다. 사이언스(science)를 '과학(科學)'으로 번역한 이유는 科는 禾(화) + 斗(두)로 이루어진 글자인데, 이는 벼(곡식)의 상태나 등급, 품질을 말(용량을 재는 기구로 되의 10배, 부피는 18리터)로 계량한다는 의미를 담기 때문이다. 『설문해자』는 과(科)를 "자나 저울로 헤아리다(程也. 정야.)"라고 풀이한다. 자연과학의 특징을 잘 나타낼 수 있다는 측면에서 과학(科學)이라는 한자로 번역했을 것이다. 과(科)에 구덩이라는 뜻이 있는 것은 무엇 때문일까? 그 이유를 설명하는 문헌이 없으므로 알기 어렵지만 말(斗)처럼 푹 패인 모양에서 그런 뜻이 나오지 않았을까 짐작해본다.

과학(科學)이라는 용어는 19세기 일본에서 만들어져 우리나라에 들어왔다. 당시 일본의 사상가이자 학자였던 니시 아마네(西周, 1829-1897)가 서구의 여러 개념을 한자를 활용해 번역했다. 그는 과학을 비롯해 철학(哲學), 주관(主觀), 객관(客觀), 문학(文學), 예술(藝術), 이성(理性) 등 많은 개념을 발명한 것으로 알려져 있다. 이와 관련된 내용은 장하석 케임브리지대 교수의 「과학이라는 단어를 만들어낸 이유」(중앙일보 2021년 8월 31일자)와 최치현 교수의 「번역을 예술 경지로 승화시킨 니시 아마네」(월간중앙 2018년 8월호)라는 글에서 볼 수 있다. 영어 등 외국어로 된 개념을 우리나라 말로 적절히 번역하려는 문제의식 없이 그저 영어 발음 그대로 옮겨쓰는 우리 현실을 돌아보게 한다.

영(盈)은 물이 가득 찬다는 뜻에서 '충분하다'의 의미가 나온다. 진(進)은 뒤로 물러서지 않고 앞으로 나아간다는 뜻에서 '힘쓰다'의 의미가 나온다. 이를 종합하면 영과후진은 한 분야(학과 또는 전공)를 충분히 공부한 다음에 다른 분야와 자연스럽게 협력하여 더 나은 상태를 만다는 태도이고 노력이라고 할 수 있다. 본디 분야(科)에 대한 공부가 부족한 상태에서 성급하게 다른 분야를 기웃거리면 바다라는 큰 세계를 만나기보다는 금방 말라버리는 도랑의 물이 될 수 있음을 경계하는 의미라고 할 것이다.

학계와 산업계에서 풍부한 경험을 쌓은 황창규 전 삼성반도체 사장은 「융합, 우선 나를 녹여라」라는 제목의 칼럼(매일경제 2012년 4월 2일자)

에서 융합의 중요한 조건으로 '열린 마음'을 강조했다. 그는 "자기 영역에만 매몰되었던 사람들이 스스로를 녹이고 벽을 허무는 데는 각고의 노력이 필요했다. 1년여 산고(産苦) 끝에 이질적인 기능들을 화학적으로 융합한 최초 퓨전반도체를 탄생(2004년)시켰다. 융합…. 자유전공이니 융합학과니 하는, 한국에나 있을 법한 새로운 전공들이 우후죽순격으로 신설되는 것만 봐도 가야 할 길인 건 분명한데 이게 말처럼 쉽지는 않다. 자기 분야를 내려놓고 다른 분야를 이해하려는 노력이 없다면 실천 없는 말의 성찬에 머문다. 우선 나를 녹여라(融). 합치는 건 그다음이다"라고 했다.

이와 같은 생각을 해보면 융합은 결합이나 연합, 종합, 혼합, 통합 등과는 다른 어떤 속성이 있는지, 그것은 무엇인지 궁금해진다.

융합으로 끓는 가마솥

　나는 융합의 어떤 특성에 대해 융(融)이라는 글자에서 실마리를 찾아보려고 한다. 『설문해자』는 융(融)을 "밥을 지을 때 더운 기운(김)이 올라오는 모습(炊氣上出. 취기상출.)"으로 풀이한다. 취(炊)는 불을 지펴 밥을 짓는 일이다. 솥에 곡식을 담아 밥을 지을 때 더운 김이 올라오는 것은 밥이 고슬고슬 잘 된 상태라고 할 수 있다. 융의 '鬲(력)'은 보통 사람들이 일상에서 쌀, 보리, 콩 등 오곡으로 밥을 지을 때 쓰는 솥이다. 솥의 뜻으로 옛 문헌에 많이 나오는 '鼎(정)'은 발이 셋, 귀가 둘 달린 솥으로 제사 때 신에게 올리는 음식을 조리할 때 쓰는 솥을 가리킨다. 충(虫, 蟲)은 대개 '벌레 충'으로 읽지만 여기서는 '찌다, 훈제(뜨거운 김으로 익힘), 찌는 듯이 더운 모양'으로 이해할 수 있다. 벌레나 곤충, 동물의 뜻으로는 융(融)의 의미와 연결할 수 없다. 『시경』의 「대아」 편에 있는 '운한(은하수)'이라는 시에 "旱旣大甚, 蘊隆蟲蟲(한기대심, 온륭충충)"이라는 구절이 나오는데, "가뭄이 심해 뜨거운 기운으로 날이 푹푹 찐다"의 뜻이다. 융(融)의 충(虫)과 같은 용례이다.

　솥에서 김이 나면서 밥이 익는 풍경을 상상해본다. 일상에서 상대방에게 밥을 먹었는지 묻는 말은 상투적인 인사로 들릴 수 있지만 더 생각해보면 삶의 가장 근원적인 물음이다. 밥을 먹지 못했다면 정상적인 삶을 꾸리지 못하고 있다는 것을 쉽고 명백하게 보여주기 때문이다.

"밥이 하늘"이라는 이식위천(以食爲天)은 보통 사람에게 가장 중요한 현실을 웅변한다.

솥에서 밥이 다 된 다음에는 밥상에 둘러앉아 함께 밥을 먹는 모습이 자연스럽게 떠오른다. 여러 사람이 둘러앉아 먹는 밥상을 '두레상'이라고 하는데, 너무나 정겨운 말이다. "한솥밥을 먹는다", "우리는 한솥밥을 먹는 사이" 같은 관용 표현은 서로에 대한 장벽이 없을 정도로 통하는 인간관계를 상징한다. 딱딱한 곡식이 솥에 들어가 익고 사람이 맛있게 먹을 수 있도록 되는 과정을 생각해보면 한솥밥을 함께 먹는 분위기가 어떤지 충분히 짐작할 수 있다.

나는 융(融)에 '따뜻하다, 녹이다, 화합하다, 왕성하다, 크게 밝다, 잘 통하다, 즐겁다' 같은 뜻이 들어 있는 이유를 이처럼 따뜻한 밥을 두레상에 둘러앉아 함께 먹는 모습에서 느낀다. 융(融)은 조화를 나타내는 화(和), 막히지 않고 흐르는 뜻을 나타내는 통(通)과 바꿔 쓸 수 있는데, 이는 함께 밥을 먹는 모습에서 쉽게 알 수 있다. 융통성(融通性)은 형편에 따라 적절히 처리하는 유연함이다. 융화(融和)는 서로 어울려 갈등 없이 화목함이다. 융융(融融)은 화목하고 평화스러움이다. 융회(融會)는 녹여서 자세히 이해함이다. 융풍(融風)은 봄을 알리는 입춘 무렵의 따스한 바람이다.

융합은 이 모든 의미를 녹여 담고 있는 의미라고 할 수 있다. 이와 같은 의미는 결합이나 연합, 종합, 혼합, 통합 같은 말에서는 찾기 어렵다. 삶의 바탕이 되는 분위기요, 느낌이 아닐까. 융합은 정서적 개념이다. 이런 융합의 의미가 사람들 사이에 넓고 깊고 높게 공감될수록 삶의 창의적 역량은 더욱 활발해질 것이다. 신화학자 캠벨(Campbell)에 따르면 여러 전설에서 바다에 사는 신(神)의 집에는 가마솥이 많다고 한다. 가마솥은 깊은 무의식을 상징하는데, 여기서 삶의 에너지가 부글부글 끓어오른다는 것이다. 융합은 결합이나 연합, 종합, 혼합, 통합 같은 말과 비슷한 게 아니라 더 높고 깊은 차원의 개념이다.

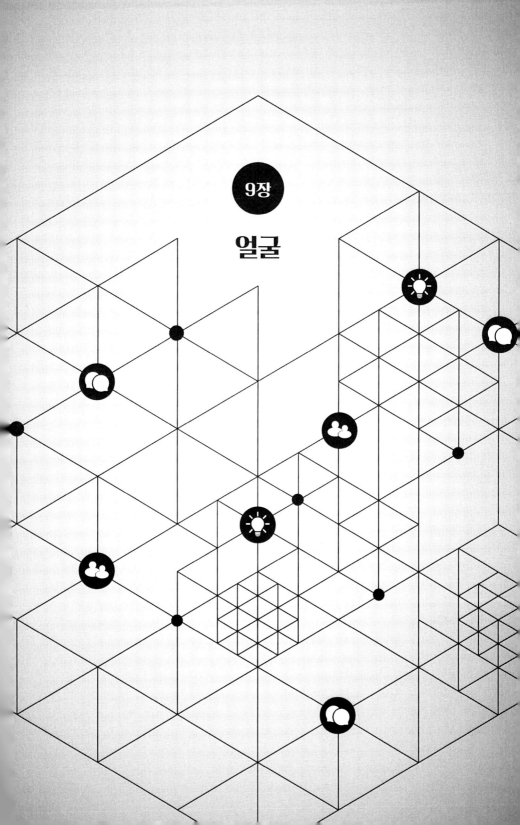

9장

얼굴

얼굴(人面, face) - 얼(정신)의 모습

얼굴:

눈, 코, 입이 있는 머리의 앞면. 머리 앞면의 전체적 윤곽이나 생김
새. 평판이나 명예, 또는 체면. 심리 상태가 나타난 형색. 어떤 분야에
활동하는 사람. 어떤 사물의 진면목을 단적으로 보여주는 대표적 표상

- 표준국어대사전

'행복 가득한 얼굴', '반가운 얼굴', '보고 싶은 얼굴', '얼굴 없는 천사',
'한 얼굴 두 표정', '두꺼운 얼굴', '넋 나간 얼굴', '두 얼굴의 대표', '두 얼
굴의 페이스북', '마스크 벗은 얼굴을 보고 싶다'.

발끝에서 머리끝까지 몸의 어떤 부분도 중요하지 않은 곳이 없지만
눈, 코, 입, 귀가 모여 있는 얼굴에는 특별한 상징성이 있다. 그래서 비
유하는 의미로 많이 쓰인다. "그는 두 얼굴을 가졌다"라고 하면 이중인
격, 표리부동의 거짓 사람됨을 나타낸다.

2021년 10월 세계 최대 소셜네트워크서비스(SNS) 기업 '페이스북'이
회사 이름을 '메타(Meta)'로 바꿨다. 메타버스(3차원 가상 세계)를 새로운
사업 영역으로 구축하기 위한 시도라는 게 페이스북이 내세운 이유였
다. 그러나 회사 안팎의 비판에 몰린 상황을 벗어나기 위한 계산이라

는 시각이 많다. 국내 언론은 「페이스북의 꼼수 개명」이라는 제목의 칼럼(한국일보 2021년 10월 29일자)에서 이를 지적했다. 미국 언론과 정치권에서 페이스북의 비윤리적 행태(청소년의 정신 건강을 해치고 허위 정보와 혐오 표현을 방치하는 등)을 강하게 비판하는 상황에서 회사 이름을 갑작스레 바꾼 데 조롱이 쏟아진다는 내용이다. 페이스북이 자신의 영향력에 걸맞은 기업 윤리 쇄신에 실패한다면 이번 회사명 개명은 두고 두고 흑역사로 남을지 모른다고 결론지었다. 페이스북이 수익을 최우선으로 하고 사회 분열을 조장한다는 지적은 오래전부터 제기됐지만 이번에는 사정이 꽤 다른 분위기다.

「뉴욕타임스」, 「CNN」 등 미국의 17개 언론사가 컨소시엄을 구성해 페이스북의 내부 문제를 비판하는 기획 기사를 쏟아내는 현상은 매우 이례적이다. 마크 저커버그(37) 페이스북 창업자 겸 최고경영자가 2004년 대학 기숙사에서 창업한 페이스북이 17년 만에 최대 위기에 놓이고 있다는 우려가 나온다. 이런 현상에 우리나라 언론은 '흔들리는 페이스북과 저커버그', '페북 내부 고발자 "저커버그 물러나야 회사 바뀐다"', '위기의 저커버그… 피고인으로 법정 서나', '인신매매 범죄 알고도 눈감아, 폭로에 흔들리는 페북', '국면전환 급했나… 페이스북, 메타로 社名(사명)까지 바꿨다', '페북 사면초가… 증오 콘텐츠 알고도 방치', '좋아요, 혐오글 증폭, 페북 비판 쏟아진다', '좋아요는 돈벌이 수단, 美언론 페북에 집중포화' 같은 헤드라인을 통해 페이스북에 대한 부정적인 평가를 쏟아냈다. 이에 대해 페이스북 측은 "회사 내부 문서를 선택적으로 이용해 우리 회사에 대한 잘못된 그림을 그리려고 시도하고 있다. 언론사들이 페이스북에 거짓 이미지를 씌우려고 한다"라는 주장을 펴고 있다.

기관이나 단체(기업)에서 내부 고발자가 나타나 공개적으로 어떤 문제를 제기하고 이런 내용이 매스미디어를 통해 널리 알려진다고 해서 그 내용이 반드시 진실이라는 것을 보장하지는 않는다. 이와 같은 내부 고발은 흔히 '폭로'라는 표현을 쓴다. 감추어져 있던 어떤 사실이 비로소 드러난다는 어감 때문에 누가 무엇을 폭로했다고 하면 그 자체로 사실처럼 받아들이기 쉽다. 내부 고발이나 폭로라는 표현으로 등장하는 내용도 얼마든지 거짓이거나 조작된 것일 가능성이 있다.

페이스북이 내부 고발자의 폭로와 언론과 의회 등 공적(公的) 기관을 통해 여러 가지 부정적인 의혹이 제기되고 많은 사람들이 공유하는 현상 자체는 내용의 진위와는 다른 차원의 사회적 공론을 형성한다. 이런 것이 '물의(物議, 세상 사람들의 불평과 비판)'다. 어떤 사람이나 사안이 물의를 빚고 있다고 하면 그 자체로 부적절하다는 의미가 포함된다. 페이스북처럼 사회적, 윤리적 책임이 매우 커야 할 기업이 "돈벌이를 위해 기업 윤리를 팽개치고 있다"라는 물의 자체가 현실적으로 중요하다. 페이스북으로서는 억울한 측면이 있겠지만 사실 여부와 별개로 세상 사람들이 문제가 된 사안에 대해 어떻게 생각하느냐도 현실을 형성하는 매우 강력한 기반이 된다.

'얼굴'을 주제로 다루면서 페이스북 이야기를 특별히 언급하는 이유는 그동안 사용한 회사 이름에 얼굴, 즉 페이스(face)가 들어 있기 때문이다. 페이스북은 말 그대로 얼굴 사진과 연락처 등 간략한 신상 정보가 수록된 인물 수첩 같은 것이다. 페이스북의 물의는 얼굴의 의미에 대해 깊이 생각해볼 수 있는 계기가 되지 않을까 싶다. 기업은 사회(공동체)의 얼굴이라는 차원에서 그렇다.

얼굴은 '얼 + 굴'

나는 얼굴이라는 말을 한 단어보다 두 단어, 즉 '얼 + 굴'로 읽고 이해하면 훨씬 좋겠다고 생각한다. 얼굴은 15세기 문헌에서부터 한 단어로 등장한 후 지금까지 그대로 쓰이고 있다. 얼굴은 옛 문헌에 '형체', '모양'이라는 뜻으로 쓰인 경우가 있지만 그 어원이 무엇인지는 아직 밝혀지지 않았다. 이런 말을 두 단어로 나누는 것은 문자를 비정상적으로 파괴하는 게 아니라 그 의미를 더 깊게 해보기 위한 의도이다.

'얼'은 '정신의 줏대'이다. 줏대는 사물의 가장 중요한 부분이다. 정신은 '영혼, 마음, 판단하는 힘, 자세, 태도, 바탕'이므로 사람을 지탱하는 토대로서 윤리적 성격이 강하다. 얼은 쓸개의 옛말인 '열'에서 유래했다는 견해가 있다. 쓸개는 줏대를 비유하는 말로 쓰인다. 쓸개를 나타내는 한자는 담(膽)이다. 용감한 기운이나 진취적 정신을 뜻하는 담력(膽力)이나 대담(大膽)이라는 용례에서 쓸개의 비유적 의미를 느낄 수 있다.

'굴'은 동굴처럼 굴(窟)로 이해할 수 있다. 굴길이라는 말도 있으므로 굴은 길(way)이다. 굴은 모양을 뜻하는 '꼴'의 뜻으로도 생각해볼 수 있다. 길은 일정하게 다닐 수 있도록 된 공간이다.

동양철학에서 '길'은 '도(道, Way)'라는 말로 상징된다. 일상에서 흔히 '길 도'라고 읽는 그 도이다. 도(道)라는 말은 학파에 따라 그 의미에 차이가 있지만 공통적인 의미가 있으니, 따라가면 되는 길이라는 것이다. 길이 없으면 헤매고 혼란을 겪는다. 길이 있으면 마음 편하게 따라가면 된다. 우주 자연에는 해와 달, 별이 일정하게 움직이는 길(도)이 있다. 산에는 산길, 물에는 물길, 공중에는 하늘길이 있다. 사람을 포함하여 생물에는 삶의 길이 있다. 길에서 벗어나면 혼란스럽고 위태로워진다. 해와 달이 길을 잃어 궤도를 벗어나면 지구도 사라진다. 길은 마땅함이고 질서이고 삶이다. 이와 같은 생각을 해보면 얼굴은 '정신이 일정하게 드나드는 길(道)'이다. 도(道)는 이와 같은 길의 뜻에서 '통하다, 다스리다, 깨닫다, 이끌다, 의존하다'의 뜻을 갖는다.

이렇게 보면 얼굴의 범위를 눈, 코, 귀, 입이 있는 머리의 앞쪽으로 한정할 수만은 없다. 얼(정신)이 일정하게 드나드는 길(道)로서 얼굴의 범위는 머리의 정수리부터 발바닥까지 몸 전체라고 할 수 있다. 심장에서 내뿜는 피가 온몸의 구석구석을 도는 것처럼 얼굴도 몸의 모든 드러남이라고 할 수 있다. 모든 말과 행동, 느낌, 생각 등은 얼굴이 자신을 표현하는 방식이다. 그 모습은 윤리적으로 사회적으로 올바른 모습을 일정하게 드러낼 때 비로소 사람의 얼굴이라고 할 수 있다. 개인의 얼굴, 사회의 얼굴, 기업의 얼굴, 국가의 얼굴, 인류의 얼굴이 모든 같은 차원이다.

얼굴을 눈, 코, 입, 귀가 있는 머리의 앞면으로 좁혀 이해하면 얼굴빛을 꾸미는 영색(令色) 같은 이중인격, 표리부동 같은 '두 얼굴'이 얼굴의 질서, 즉 얼굴의 도(道)를 해치는 경우가 될 가능성이 더 높을 것이다. 페이스북의 물의는 이와 같은 얼굴의 도(길)에 대한 깊은 인식과 실천이 부족했기 때문으로 볼 수 있다.

얼굴에 대한 의미와 가치를 새롭게 하기 위해서는 관상(觀相)이라는 말의 뜻도 넓게 이해할 필요가 있다. 관상은 대체로 사람의 얼굴을 살펴 그의 운명이나 성격, 수명 따위를 판단하는 일로 인식되기 때문이다. 관상이라고 하면 대체로 이렇게 이해한다. 2013년 개봉한 영화 '관상'은 이와 같은 관상의 뜻을 각인시키는 데 적잖은 역할을 했다. 이 영화의 슬로건은 "조선의 운명, 이 얼굴 안에 있소이다"였다. 영어로는 '얼굴을 읽는 사람'이라는 뜻으로 'The Face Reader'이다. 요즘도 관상을 좋게 할 목적으로 병원에서 하는 수술을 '관상 성형'이라고 부른다. 이마나 코, 눈 모양을 바꾸는 방식이다.

눈, 코, 귀, 입이 있는 머리 앞면을 살피는 것을 관상이라고 하면 머리의 뼈 모양을 보고 그 사람에 대해 이런저런 판단을 하는 것은 골상(骨相)이다. 손바닥의 금(손금)이나 손의 모양을 보고 그렇게 하는 것은 수상(手相)이다. 걸음걸이를 보고 사람을 판단하는 것은 족상(足相)이라고 할 수 있다.

관상의 새로운 뜻

『설문해자』는 상(相)을 "자세히 살펴보는 것이다(省視也. 성시야.)"라고 풀이한다. 관(觀)과 같은 뜻이다. 그렇다면 관상(觀相)은 어떤 대상을 자세히 살펴보는 행위이고, 그 대상은 반드시 사람에만 한정되지는 않는다. 상(相)이라는 말에 '서로, 보다, 돕다, 형상, 모습, 형태'의 뜻이 있는 것은 무엇을 살펴보는 대상이라는 의미에서 파생됐다. 사람뿐 아니라 하늘, 별, 나무, 동물 등 무엇을 자세히 살피는 행위는 모두 관상이라고 할 수 있다. 이런 관상을 사람, 그것도 이목구비가 있는 머리 앞쪽을 살피는 행위만으로 이해하는 것은 관상의 범위를 매우 좁힌다. 좁은 뜻의 얼굴에 대한 관상은 면상(面相)이나 안상(顏相), 용상(容相)이라고 할 수 있다. 눈의 모양, 귀의 모양, 코의 모양, 입의 모양 등 좁은 뜻의 얼굴 모양을 보고 그 사람됨을 판단하는 것은 관상의 실상(實相)이나 진상(眞相)에 다가갈 수 없다.

좁은 뜻의 얼굴을 관찰하여 사람의 길흉화복(吉凶禍福)을 판단한다는 것은 사람이 주체성을 갖고 자기의 삶을 가꾸는 모습과는 양립하기 어렵다. 이목구비 같은 면상(面相, 좁은 뜻의 얼굴 생김새)에 그 사람의 삶이 마치 이미 정해져 있는 것처럼 판단해버린다면 열심히 공부하면서 삶을 개선하고 이룩하는 노력을 할 필요가 없다. 이는 삶의 실존성과 주체성, 자율성을 파괴하는 행위가 아닐 수 없다. 면상을 보고 어떤 사람은 부귀영화를 타고났다거나 그렇지 않다고 판단하는 결정론적 가치관이 과연 보편적 의미를 가진다고 할 수 있을까. 전통적인 관상학 분야는 이와 같은 기준에서 벗어나지 않는다고 할 수 있다.

관상학(면상학이라고 해야 정확하다)에서 볼 때 그다지 좋지 않은 모습이라 하더라도 자신의 주체적인 노력에 의해 얼마든지 자신의 삶을 바람직하게 가꿀 수 있는 의지와 노력이 필요하다. 운명(運命)을 국어사전은 '초인간적인 힘으로 이미 정해진 목숨이나 처지'로 풀이한다. 이렇게 이해하면 인간의 주체성과 주체적 노력은 설 자리가 없다.

배움으로 가꾸는 얼굴

운명은 오히려 '삶을 주체적으로 부린다'라는 의미로 이해할 수 있다. 명(命)은 삶의 목표이고, 운(運)은 자동차 운전처럼 그 목표를 부리면서 이룩하는 주체적 활동이다. 이와 같은 관점에서 살펴볼 가치가 높은 문헌이 『순자』의 「비상」 편이 아닐까 싶다. 비상(非相)은 '겉모습을 보고 사람됨을 판단하는 관상을 부정한다'라는 의미다. 순자는 기원전 3세기 전국시대 사상가로 맹자(孟子)와 쌍벽을 이루는 인물이다. 맹자는 성선설(性善說)을, 순자는 성악설(性惡說)을 주장한 것으로 널리 알려져 있다. 맹자의 성선은 사람은 태어날 때부터 그 성품이 선량하고 소박하다는 뜻이다. 사람의 성품을 설명하기 위해 도입한 하나의 대전제이고 가설(가정)이다.

순자의 성악은 성격이 다르다. 사람의 타고난 성품이 악하다는 의미가 아니다. 만약 사람의 본디 성품이 악하다고 규정하면 자신의 부족함을 개선하는 어떤 노력도 필요하지 않다. 성악설과 교육은 양립할 수 없다. 사람이 태어날 때부터 악하고 나쁘고 추악하다면 그것을 후천적인 노력이나 교육을 통해 개선할 필요조차 없기 때문이다. 범죄를 저질러도 비난하거나 처벌할 근거가 없어진다. 본디 악한 사람이 나쁜 짓을 한 것은 나무랄 수 없기 때문이다. '惡'은 대개 '악할 악', '미워할 오'라고 읽는데, 순자의 주장에서 惡은 '미워할 오'로 읽어야 정확하다.

사람은 성품에는 선량한 측면뿐 아니라 미워하고 증오하고 비방하고 헐뜯는 것 같은 부정적 측면이 있다는 것이다. 그래서 순자의 '性惡說'은 '성악설'이 아니라 '성오설'로 읽어야 맞다.

『순자』 32편의 첫 번째가 '배움을 권함', 즉 「권학(勸學)」 편으로 시작하는 것은 특별한 의미가 있다. 「권학」 편의 첫 문장은 "배움(공부)은 결코 멈출 수 없다(學不可以已. 학불가이이.)"다. 이어 청출어람(靑出於藍)이 나온다. 제자가 스승보다 공부가 더 깊어진다는 뜻을 담은 사자성어로 널리 알려진 표현이다. 스승과 제자가 함께 배우고 공부하여 삶과 학문의 진보를 이룩한다는 의미를 담고 있다. 이는 『논어』의 첫 구절이 '배움(學, 학)'으로 시작하고 공자가 배움을 좋아하는 호학(好學)의 자세로 '불치하문(不恥下問)', '견현사제(見賢思齊)', '온고지신(溫故知新)', '학이불염(學而不厭)', '삼인행 필유아사언(三人行, 必有我師焉.)' 등을 끊임없이 강조하는 것도 같은 맥락이다. 열심히 공부하는 제자들을 보면서 공자가 "발랄하게 노력하는 후배들이 두렵기까지 하다(後生可畏, 후생가외.)"라고 한 것(『논어』, 「자한」)은 청출어람의 태도와 일치한다. 이와 같은 배움(공부)의 자세가 중요한 이유는, 누구나 부족하지만 성실하게 노력해서 부족함을 보완하여 높은 차원의 삶을 이룩할 가능성을 갖고 있기 때문이다. 교육의 절대적 가치이리라.

순자가 「비상」 편을 저술한 이유도 이와 같은 맥락에서 이해할 수 있다. 순자가 살았던 시대에는 사람의 얼굴(면상)을 보고 그 사람의 길흉화복을 점치듯 판단할 수 있다는 관상술이 유행한 것으로 추정된다. 배움을 강조하는 순자로서는 이와 같은 관상술을 물리치고 배움을 강조하는 사상을 펼치지 않을 수 없었을 것이다. 배움은 삶의 주체성을 여는 차원이다.

관상술을 부정하는 순자의 말을 음미해본다.

"얼굴 생김새를 관찰하는 것은 마음을 관찰하는 것보다 못하다. 마음을 헤아리는 것은 배움의 방법을 헤아리는 것보다 못하다. 생김새는 마음을 이기지 못하고 마음은 배움을 이기지 못한다. 배움이 바르면 마음이 자연스럽게 따르므로 얼굴 모습이 나쁘더라도 높은 사람됨을 가꾸는 데 방해가 되지 않는다. 얼굴 모습이 좋더라도 마음과 배움이 나쁘면 소인배가 된다. 사람됨이 훌륭하면 길(吉, 좋음)이요, 그렇지 못하면 흉(凶, 나쁨)이다. 키나 체격, 얼굴 모습이 어떠하든 그것은 길흉의 문제가 될 수 없다."

순자는 얼굴을 비롯해 신체의 모습(相形, 상형)보다 마음의 모습(心, 심)을 더 중시하는데, 마음의 모습보다 배우는 자세와 방법, 노력인 술(術)을 가장 중요하게 여긴다. 바르게 배울 수 있다면 마음은 그런 태도에 저절로 따라올 것으로 보기 때문일 것이다. 순자는 이를 증명하기 위한 방편으로 공자를 비롯해 공자가 가장 존경한 주나라의 주공, 요순 임금을 섬긴 신하 등을 언급하면서 이들의 얼굴(면상)과 신체는 볼품이 없었지만 훌륭한 사람됨, 즉 군자 중의 군자라고 평가했다. 순자가 이들의 얼굴을 직접 볼 수는 없었지만 관상술을 부정하기 위해 널리 알려진 인물의 사례를 말한 것으로 보인다.

순자가 비상(非相)을 말한 이유는 "사람을 (동물이 아닌) 사람이 되도록 하는 까닭은 무엇인가? 분별력 때문이다(人之所以爲人者, 以其有辨也. 인지소이위인자, 이기유변야.)"라는 구절에서 찾을 수 있다. 변(辨)은 옳고 그름, 참과 거짓을 판단하는 것이다. 이는 삶에서 옳고 그름이나 참, 거짓은 이미 정해져 있는 것이 아니라 사람이 판단해야 한다는 주체적 차원을 말하는 것이다. 관상학에서 쓰는 말 중에 은격(隱格)이 있다. 눈, 코, 귀, 입같이 겉으로 드러나지 않은 모습을 가리킨다. 얼(정신)이 일정하게 드나드는 길(道)로서 얼굴도 은격이라고 할 수 있다. 이는 삶의 주체적이고 실존적인 태도이고 노력이며 그 결과에 책임을 지는 사람됨이다.

코로나19 때문에 마스크를 쓴 모습이 일상이 되면서 호모 마스쿠스(Homo maskus, 마스크를 쓴 인간)라는 말이 생겼다. 일본에서는 '가오 판츠(얼굴 팬티)'라는 말이 매스미디어에 자주 등장한다(한국일보 2021년 12월 27일자). 마스크를 얼굴용 속옷으로 여긴다는 뜻으로, 마스크로 얼굴을 가리는 것이 오히려 편하다는 세태를 반영한다는 얘기다. 코로나19 때문이든 마스크가 편하든, 얼(정신)의 통로이자 모습으로서 얼굴의 의미는 더욱 중요해지지 않을까. 낯으로서 얼굴은 마스크로 가릴 수 있지만 얼의 길로서 얼굴은 어떤 식으로든 나타내지 않을 수 없기 때문이다.

10장

날씨

날씨(氣象, weather) - 태양의 씨앗

날씨:

그날그날의 비, 구름, 바람, 기온 따위가 나타나는 기상 상태

- 표준국어대사전

'지구가 사라진다!', '인류 멸종 위기!'.

지구가 사라지고 인간도 지구에서 소멸한다니 무슨 말인가? 인류 전체가 직면한 이른바 '기후 위기'를 걱정하는 목소리다. 지구온난화 등 기후변화로 지구에 생물이 생존할 수 없다면 인간의 삶과 역사, 문화 등 모든 문명도 종말이다. 이것만큼 중차대한 일이 없다.

2021년 11월 영국 글래스고에서 200개국이 참가한 가운데 열린 '제26회 유엔기후변화협약 총회'는 △지구 온도 상승폭 1.5도 이내 제한 △국가 온실가스 감축 목표 재점검 △석탄 등 화석연료 감축 △메탄 감축 △생태계 보전 △국제 탄소시장 지침 마련을 합의했다. 이번 총회 결과에 대해 "지구의 기후 위기를 극복하기 위한 큰 걸음"이라는 긍정적 평가와 함께 "㎞ 단위로 움직여야 하는 상황에서 ㎝ 단위로 움직인 것"이라는 부정적인 평가가 나왔다.

기후 위기가 빠르게 진행되고 있는 상황에서 이번 총회의 최대 관심

은 석탄을 중심으로 하는 화석연료 시대의 종말이었다고 한다. 오랫동안 인류의 소중한 에너지로 대접받아온 석탄이 이제 애물단지로 전락하고 있는 현실을 마주하고 있다. 석탄 발전 등으로 이산화탄소 배출이 많기 때문이다. 이산화탄소는 지구의 공기를 데우는 온실가스의 주범으로 꼽힌다.

이산화탄소라고 하면 식물의 광합성(光合成)을 떠올리기 쉽다. 초등학생 때부터 학교에서 배우기 때문일 것이다. 식물이 햇빛 에너지를 이용해 공기 중의 이산화탄소를 흡수하고 산소를 배출하는 광합성은 사람이 숨을 쉬는 데 필요한 산소를 공급해주므로 무척 고맙게 느껴진다(식물도 햇빛이 없는 밤에는 사람처럼 산소를 마시고 이산화탄소를 배출하는 호흡을 한다). 그런 이산화탄소를 줄이기 위해 인류 전체가 나서고 있는 모습을 보면 이산화탄소의 균형이 깨진 것은 분명해 보인다.

광합성은 식물뿐 아니라 사람에게도 해당된다고 볼 수 있다. 햇빛의 역할은 많지만, 햇빛을 쬐며 걸으면 우울증에 효과가 있다는 것은 의학적으로 검증됐다고 한다. 햇빛은 기분을 좋게 하는 호르몬 분비를 자극한다. 면역력을 높이는 비타민D가 합성되는 데는 햇빛이 꼭 필요하다. 비타민D가 부족하면 코로나19 발병 위험이 높아진다는 연구도 있다. 햇빛은 해(태양)의 선물인데, 만약 지구에서 발생하는 문제로 햇빛의 품질이 떨어진다면 어떻게 될까? 이런 생각만으로도 우울한 느낌이 들 수 있다. 식물의 광합성도 질이 떨어질 것이다.

정수종 서울대 환경대학원 교수는 2018년부터 서울 남산타워 꼭대기에 이산화탄소 측정기를 설치하고 그 정보를 매일 공개하고 있다. 정교수는 「우리가 아는 지구가 사라진다」라는 제목의 글(경향신문 2021년

11월 2일자)에서 "이제는 정말 기후 위기가 맞다. 인간과 지구 모두의 위기다. 여러 온실가스 중에서 가장 많은 양을 차지하는 이산화탄소의 농도 증가가 가장 근본적인 이유이다. 이산화탄소 증가는 단순히 공기를 데우는 온실효과만을 만들어내는 것이 아니라 지구 시스템의 불균형을 유발하여 지구 곳곳에 이상 기후 또는 악기상을 초래하고 있다"라고 말했다. 이산화탄소가 없으면 식물이 광합성을 하지 못해 생존할 수 없는 것처럼 이산화탄소에 대한 긍정적인 인식이 이제 골칫덩어리로 바뀌는 느낌이 든다.

정 교수의 설명에 따르면, 인간이 배출한 이산화탄소의 31퍼센트는 육상 생태계, 23퍼센트는 해양이 흡수한다. 우리가 100톤의 이산화탄소를 대기로 방출하면 54톤은 산림의 식물이 광합성을 통해 이산화탄소를 빨아들이거나 해양이 흡수하여 없애준다. 이런 지구 시스템이 감당하지 못하는 46톤은 갈 곳이 없어 공기 중에 남아 차곡차곡 쌓인다. 이렇게 쌓인 이산화탄소는 200년까지 공기에 머문다고 한다. 그래서 공기 속 이산화탄소는 시간이 갈수록 점점 더 두꺼워진다.

탄소 배출을 줄여 공기 중의 농도가 높아지지 않도록 만드는 것이 탄소중립(carbon neutral) 또는 탄소제로(carbon zero)이다. 중립(中立, 치우치지 않음)이라는 표현보다는 '균형(밸런스, balance)'이라는 용어가 어떨까 싶다. 또 탄소라는 말보다는 이산화탄소라고 정확하게 표현할 필요가 있다. 나는 탄소라는 말에서 순수한 탄소 덩어리로 보석 중의 보석으로 꼽히는 다이아몬드가 먼저 떠오른다.

사람도 광합성 동물

이 문제를 인류가 머리를 맞대 빨리 해결하지 못하면 지구는 멸망한 다는 진단이 봇물을 이룬다. 앤드루 놀 하버드대 자연사 교수의 책 (2021년 10월 국내 출간) 『지구의 짧은 역사』는 지구가 생긴 46억 년 동안 발생한 다섯 차례의 대규모 생물 멸종의 원인이 이산화탄소의 증가 때 문이라고 한다. 주로 화산 폭발로 엄청난 이산화탄소가 방출돼 온실효 과(지구온난화)를 일으키면서 결국 생물이 사라졌다는 것이다. 지금 인 류는 화석연료 등으로 많은 이산화탄소를 배출하고 있어 화산 폭발에 따른 생물 멸종과 같은 길을 걷고 있다는 것이 놀 교수의 주장이다.

세계보건기구(WHO)는 기후 위기를 인류가 직면한 최대 보건 위협으 로 규정하고 각국 정부가 당장 행동에 나서야 한다고 촉구하고 있다. 또 기후 분야 국제학술지 「네이처 기후변화」는 지구 면적의 80퍼센트 이상이 이미 지구온난화의 영향을 받고 있는 중이고, 세계 인구의 85 퍼센트 이상은 각종 기상 이변을 경험하고 있다는 논문 내용을 소개 했다. 기후 전문가들은 "이번 세기 말 지구 생태계가 붕괴될 수 있다" 라는 경고를 내놓고 있다는 보도(동아일보 2021년 10월 13일자)가 있다. 세계기상기구(WMO)는 최근 7년 동안이 지구 온도를 기록한 이래 지 구상에서 가장 뜨거운 기간이었다고 분석했다. 이 기구가 글래스고 유 엔기후변화협약 총회에서 발표한 자료에 따르면 현재와 같은 온난화

추세가 계속되면 2100년에는 해수면이 2미터 상승하고, 6억 3,000만 명이 다른 지역으로 이주해야 한다고 했다(매일경제 2021년 11월 2일자).

우리나라에서도 온난화 현상에 따라 열대지방에서 재배하는 과일이 빠르게 북상하고 있다는 보도를 종종 접할 수 있다. 명태는 동해에서 벌써 자취를 감췄고, 제주 연안에는 수십 종의 아열대 어종이 나타나고 있다. 망고, 파인애플, 바나나 같은 열대 과일도 남부지방에서 재배를 시작했고 점점 중부지역으로 올라가고 있다. 충남 금산이 주산지였던 인삼도 강원도에서 재배한다. 대구와 경북은 사과 주산지로 오랫동안 명성을 누렸지만 이제 강원도에서 사과 재배가 활발하다. 사과 하면 이제 강원도가 최고라는 말까지 나온다.

나는 지구의 기후 위기에 관한 이와 같은 몹시 걱정스런 소식을 주로 매스미디어를 통해 접한다. 2019년 6월 야생 북극곰이 먹이를 찾아 수백 킬로미터를 이동해 러시아의 한 도시 한복판에 출몰한 사진이 지구촌의 관심을 모았다. 지구온난화를 상징하는 모습이었기 때문이다. 2021년 11월에는 남태평양의 작은 섬나라 투발루의 외교부장관이 바다에 들어가 기후 위기를 알리는 모습이 눈길을 끌었다. 투발루는 지구온난화에 따른 해수면 상승으로 21세기 말에는 나라가 물에 잠길 가능성이 예상된다. 이 때문에 주민들 중에는 3,700킬로미터 떨어진 뉴질랜드로 이민을 가는 사례가 늘어나는 것으로 알려졌다.

IPCC(기후변화에 관한 정부 간 협의체)에 따르면 앞으로 20년 안에 지구 온도가 산업화 이전(1850~1900년)에 비해 1.5도 높아질 것이 확실하고, 세계 곳곳에서 벌어지는 폭염과 산불, 홍수, 가뭄 같은 이상 기후 현상이 이어질 전망이다. 관련 보도(조선일보 2021년 8월 10일자)에 따르면

IPCC는 "현재 이산화탄소 농도는 최근 200만 년간 전례 없는 수준이며 지구온난화는 명백하게 인류의 활동이 원인이다"라고 단정했다. 투발루뿐 아니라 지구의 온도가 지금보다 3도 더 오르면 많은 나라가 물에 잠긴다는 국제기구의 보고도 알려져 있다. 그 시기는 2060~2100년으로 예상된다.

기후 위기는 관점의 차이일까

이와 같은 매스미디어 보도를 접하고 종합하면 이산화탄소 발생을 줄여 빨리 대처하지 않으면 지구가 정말 위태로워질 것 같은 느낌이 강하게 든다. 그런데도 일상에서 이와 같은 기후 위기가 피부에 덜 와 닿는 듯하다. '내일의 닭 한 마리보다 오늘의 달걀 한 개가 낫다'라는 말처럼, 시간에 대한 사람의 인식으로는 눈앞에 닥친 현실이 되고서야 실감하게 되는 경우가 많다. 2050년, 금세기(21세기) 말 같은 표현은 기후 위기에 대해 당장 손에 잡히는 시간이 아니어서 둔감해지는 것일까? 기후 위기는 국가 차원, 나아가 인류 차원의 문제이므로 개인이 특별히 관심을 가지고 실천할 만한 게 있을까 하는 생각이 들 수도 있다. 세계 각국은 영토와 영해, 영공이라는 경계가 분명하지만 공기 중에 배출된 이산화탄소는 개별 국가의 영공에 머물지 않고 지구의 공기 중에 떠돌고 쌓인다. 만약 이산화탄소가 석유 같은 자원이라면 각 나라는 서로 차지하려고 경쟁하겠지만 지금처럼 골칫덩어리 상태로서는 서로 적극적으로 나서지 않는 현상이 나타날 수 있다.

글래스고 기후 조약에 대해서도 지구촌의 모든 나라가 기후 위기에 적극 대처해야 한다는 원칙에는 적극 동의하지만 세부적으로는 선진국과 개발도상국, 후진국 등 각국이 놓인 상황에 따라 이해관계가 크게 엇갈려 제대로 실천되기 어려울 것이라는 전망도 있다. 지구온난화가 가속되면 지구의 생태계가 위태로워지는 것도 현실이지만 뚜렷한 대안 없이 석탄 발전을 급하게 줄이면 전기 공급이 어려워 산업 생태계가 위태로워지는 것도 현실이다.

환경부는 2021년 8월 「탄소중립 생활실천안내서」를 펴냈다. 가정(개인)과 기업에서 이산화탄소 배출을 줄이는 방법을 소개한 내용이다. 가정에서 개인적으로 실천할 수 있는 방법을 보면 △난방온도 2도 낮추고 냉방온도 2도 높이기 △전기밥솥 보온기능 사용 줄이기 △냉장고 적정용량 유지 △물 받아서 사용 △텔레비전 시청 시간 줄이기 △세탁기 사용 횟수 줄이기 △가전제품 대기전력 차단 △주기적으로 보일러 청소 △LED 조명으로 교체 △음식물 쓰레기 줄이기 △재활용제품 이용 △자전거 타기 △대중교통 이용 △쓰레기 분리 배출 △비닐 사용 줄이기 △인쇄용지 사용 줄이기 △전기차 구매 등이다.

이와 같은 내용은 탄소중립이나 탄소제로 같은 용어를 쓰지 않더라도 보통 가정에서 실천하는 경우가 많다. 이산화탄소 배출을 줄인다는 목적을 의식하기보다는 그냥 상식 차원에서 전기를 절약하고 쓰레기 배출을 줄이고 냉난방 온도를 조절하는 경우가 많을 것이다. 건강을 생각하며 자전거를 타며 페달을 밟을 때마다 이산화탄소 배출 감소를 생각하는 경우는 드물 것 같다.

기후변화와 위기에 대한 진단과 관점에 아주 다른 주장도 있다. 지구온난화 현상이 지구 환경을 파괴할 것이라는 주장과 전망은 과장이고 미신이며 공포를 조장하는 인간 중심적 생각일 뿐이라고 한다. 2020년 2월 국내에 번역, 출간된 『환경을 해치는 25가지 미신』이라는 책에 이와 같은 주장이 담겨 있다. 저자는 1960년대부터 기후변화 문제를 제기해온 생태학자여서 그의 주장을 터무니없다는 식으로 외면하기 어렵다. 2021년 5월 국내에 번역, 출간된『지구를 위한다는 착각』도 비슷한 주장을 펼친다. 30년 이상 환경운동가로 활동한 저자는 기후변화의 위험은 과장됐다고 강조한다. 기후변화를 부정하지는 않지만 그 심각성이 현실을 왜곡하면서 과장됐다는 것이 저자의 판단이다. 환경론자들의 과격한 주장을 경계해야 한다고 주장한다.

기후변화와 위기를 마주하는 보통 사람들의 입장은 적잖이 놀라면서도 구체적으로 무엇을 어떻게 해야 할지 알기 어렵다. 유엔을 비롯한 관련 국제기구들이 잘 알아서 대처하겠지, 여러 나라의 환경단체들이 이를 감시하면서 구체적인 노력을 촉구하겠지, 정부는 관련 법규를 정하고 기업도 사회적 책임을 가지고 대응하겠지 같은 생각이 든다. 이와 같은 생각을 하면서 기후변화를 좀 무덤덤하게 받아들이기에는 어딘가 개운하지 못한 느낌이 든다. 그렇다고 평범한 개인 입장에서 기후 위기를 극복하기 위한 목적으로 이산화탄소를 줄이자는 행동을 강조하는 것도 어색한 측면이 있다.

사람도 정상체온(36~37도)을 벗어나 열(熱)이 오르면 몸 상태가 나빠져 건강을 해치므로 대책을 세워야 한다. 해열제를 복용할 수도 있지만 몸 컨디션을 조절해 정상체온을 유지할 수 있다. 열이 나는 이유(원인)는 상황에 따라 여러 가지 복합적인 경우가 많아 어느 하나로 단정하기 어렵다.

지구온난화(Global Warming, 지구의 지표면 기온이 높아지는 현상)는 사람으로 치면 정상체온을 벗어나 건강을 위협하는 상태에 비교할 수 있다. IPCC에 따르면 1850년(산업화 시작의 기준 연도)에 비해 지구 온도는 현재까지 1도 이상 높아졌다. 중세(950~1350년) 동안의 지구온난화가 자연적 원인에 따른 현상인데 비해 지금의 온난화는 인위적 온실기체 증가에 따른 현상이라는 것이 확실하다고 진단한다.

IPCC 5차 보고서(2013년)에 따르면 온실기체(대부분 이산화탄소) 감축 노력을 하지 않으면 2100년에는 산업혁명 이전에 비해 기온이 4~5도 높아질 것으로 전망한다. 그렇게 되면 지구의 생태계에 심각한 악영향을 미치게 된다고 경고한다. 2015년 12월 파리 협정을 통해 2100년까지 지구의 기온 상승을 산업혁명 이전과 비교해 1.5도 이하로 낮추기 위한 각국의 공동 노력을 하기로 했다. IPCC의 공신력을 고려하면 이와 같은 진단은 사실로 느껴진다.

문제는 지구의 열을 높이는 가장 큰 원인으로 꼽히는 이산화탄소를 언제까지 얼마나 줄이느냐에 대한 인식과 행동에는 꽤 많은 인식 차이가 있다는 점이다. 지구온난화가 지구에서 인간의 생존을 위협하는 것과 마찬가지로 이산화탄소 배출과 밀접한 산업이 위축되면 이 또한 지구에서 인간의 생존이 위협받는다. 이 측면에서 지구온난화 문제를 다루는 매스미디어의 보도 태도와 관점이 선명하게 갈린다. 가치 판단이 다르기 때문이다.

환경운동가들은 지구가 위태롭다며 하루가 급하다는 주장을 펴며 발을 구른다. 기업들은 속도 조절이 필요하다며 단계적으로 개선하자는 입장이 많다. 매스미디어들은 이와 같은 상반된 주장을 신념에 따라 취사선택하고 뉴스 메시지로 가공하여 뉴스 소비자의 귀와 눈을 붙잡으려는 경쟁을 벌인다.

지구온난화의 맥락을 이해하고 가치를 판단하면서 관련 사실을 취사선택하고 특정 부분을 축소 또는 무시, 강조 또는 부각함으로써 가공한 내용을 접하는 뉴스 소비자들은 인식의 혼란을 겪는다. 자신의 가치와 신념을 확인하면서 강화하려는 태도는 개인이든 매스미디어 기업이든 본질적으로 차이가 없다. 뉴스 소비자들은 책을 포함한 뉴스 미디어가 보여주는 창문을 통해 뉴스 온난화라는 현실을 느끼고 인식하며 판단하기 쉽다.

우리나라의 경우 '탈원전(脫原電, nuclear power phase-out)'을 둘러싼 첨예한 대결이 대표적이다. 원자력 발전에 대한 폐지 또는 감축, 유지 또는 확충에 대한 '인식의 온도차'는 매우 크다. 타협이나 절충은 기대하기 어려운 상태다. 빅카인즈 검색에 따르면 최근 10년(2011~2021) 국내 매스미디어에 언급된 횟수는 3만 5,557건이다. 2011년에는 428건, 2014년 374건에서 2017년에는 9,202건으로 크게 늘었다. 2020년에는 5,399건, 2021년에는 7,122건이었다.

'脫'은 '탈'로 읽으면 '벗어나다'의 뜻이고 '태'로 읽으면 '기뻐하다'의 뜻이다. '움직임이 느리다'의 뜻도 있다. 『설문해자』는 脫을 '消肉臒也(소육구야)'로 풀이한다. 야위고 허약한 상태를 없앤다는 의미다. 이와 같은 의미를 탈원전 갈등을 해소하는 작은 실마리로 삼을 수는 없을까? 원자력 발전에 대한 찬성이나 반대를 넘어 사회적 갈등을 줄이기 위해서는 탈원전의 의미를 새롭게 이해하는 것도 도움이 될 수 있다. 찬성과 반대의 대립이 아니라, 국가의 전력(電力)이 야위거나 허약해지지 않도록 하기 위해 탈원전이라는 공동 목표를 세운다면 극단적으로 갈등해야 할 사안은 아닐 수 있다. 원전과 신재생에너지는 각각 장점과 단점이 있기 때문이다.

지구는 태양의 밭

이와 같은 문제들을 생각하면서 나는 '날씨'에 대한 감수성(感受性, sensitivity, 외부의 자극을 받아들이는 느낌)을 높이는 태도가 기후 위기에 대한 인식을 높이는 데 도움이 되지 않을까 하는 생각을 한다.

날씨는 '그날그날의 비, 구름, 바람, 기온 따위가 나타나는 기상 상태'이다. 기후(氣候)와 기상(氣象)은 날씨와 같은 뜻인데, 지구온난화는 대개 '기후 위기'라고 표현하고 '날씨 위기'라고 하지는 않는다. 어떤 분명한 기준에 따라 이렇게 구분하는 것은 아니다. 날씨는 기상 상태를 짧은 시간 단위로 파악하고 기후는 다소 긴 시간 단위로 파악하는 어감(뉘앙스)이 있는 것 같지만 그런 구분의 실질적 의미는 없다. 기후라는 한자어보다는 날씨라는 말의 의미를 좀 더 깊이 살펴보는 것이 지구 환경에 대한 감수성을 높이는 데 도움이 될 것으로 본다.

'날씨'라는 명사는 한 단어이다. 이를 '날 + 씨'라는 두 단어로 읽고 음미하면 의미를 깊게 살필 수 있다.

날은 태양(日)이다. 씨는 씨앗이다. 이렇게 보면 날씨는 '해(태양)의 씨앗'이 된다. 씨(씨앗)는 대개 식물의 열매 안에 들어 있는 것을 가리키지만 동물에도 해당된다. 동물을 번식시키는 근원도 씨라고 할 수 있다. 씨(씨앗)는 생물의 근원으로서 생명력을 상징한다. 사람을 포함해 지구에 살고 있는 모든 동식물은 해(태양)가 뿌린 씨앗의 결과나 다름없다. 해는 날마다 떠오르는 것이 아니라 해가 뜸으로서 하루라는 날이 생긴다. 정확하게는 태양이 지구를 위해 떠오르는 것이 아니라 지구가 태양을 중심으로 스스로 돌면서 낮과 밤, 계절이 나타난다. 이렇게 보면 날씨는 태양이 지구라는 땅에 뿌리는 씨앗이고, 씨앗은 싹을 틔우고 자라고 열매를 맺을 때 비로소 의미와 가치가 생긴다. 그렇게 하지 못하면 정상적인 씨앗이라고 할 수 없다.

씨앗이 아무리 정상이라 하더라도 씨앗이 뿌리를 내려야 할 땅에 문제가 있으면 제대로 싹이 나기 어렵다. 태양은 지구가 생긴 이후 지금까지 변함없이 자기의 씨앗을 지구에 제공하고 있다. 현재 목격하는 지구온난화는 태양의 잘못이 아니다. 그렇다고 지구에 살고 있는, 사람을 제외한 동식물도 아니다. 이는 인류의 공동 책임이다. 사람은 다른 동물처럼 몸에 보온용 털이 없어 옷을 만들어 입어야 하는 것처럼 지구에 적응하고 생존하기 위해 불가피하게 환경을 변형시켜 활용하지 않을 수 없다. 지구온난화는 그 과정에서 나타나는 부작용이다. 구체적인 실천에 대해서는 각국의 사정에 따라 차이가 있지만 지구온난화라는 인류 전체의 문제에 대한 위기의식은 분명한 것으로 느껴진다.

지구 뒤덮는 우주 쓰레기

기후변화에 따른 지구의 위기보다 나를 더욱 놀라게 한 사건은 '우주 쓰레기' 문제이다. 기후변화로 지구의 온도가 1도 오르면 여러 기상이변이 생긴다는 전망에 비해 온갖 우주 쓰레기 1억 3,000만 개가 지구 둘레를 뒤덮고 있다는 사실이 훨씬 위협적으로 느껴진다. 우주 쓰레기의 무게는 1억 톤가량으로 추정되는데, 지구 궤도를 떠도는 1센티미터 크기의 알루미늄 조각은 1.5톤 무게의 차량이 시속 50킬로미터 속도로 부딪히는 파괴력을 갖고 있다고 한다. 이는 혹시 지구와 소행성의 충돌 가능성을 높이는 것은 아닐까.

많은 사람들이 우주에서 바라본 지구를 사진으로 보거나 우주 비행사들의 증언을 들으면 '너무나 아름다운 푸른 점'으로 표현한다. 그렇지만 인터넷에 우주 쓰레기를 검색하면 나오는 지구의 모습은 끔찍하다. '깨끗한 녹색 별 지구'라는 이미지가 순식간에 무너진다. "도대체 이게 과연 우리가 살고 있는 지구인가!"라는 탄식이 나온다.

미국의 스페이스X 등 민간기업들도 이제 우주 인터넷 사업 등에 앞다퉈 뛰어들고 있어 우주 쓰레기는 더욱 늘어날 것으로 예상된다. 이 때문에 "지구 궤도가 우주 쓰레기 지뢰밭이 될 것"이라는 경고까지 나오는 실정이다. 지구온난화가 우주 쓰레기를 더 빨리 늘릴 수 있기 때문이다. 지구온난화로 대기권 상부의 공기층 밀도가 감소하면 우주 쓰레기 상당 부분을 태워버리는 대기가 줄어 이런 역할을 제대로 하기 어렵다고 한다.

우주 쓰레기로 덮인 지구의 모습을 상상한 그림을 보면 실망스럽고 걱정스럽고 두렵다. 1957년 러시아가 인공위성을 우주 공간에 쏘아올린 이후 쓸모가 없어진 위성이나 로켓, 파편 등이 우주 쓰레기가 되어 지구 궤도를 총알보다 빠른 속도로 돌고 있다. 2021년 11월 러시아가 자국의 위성을 미사일로 요격하는 시험을 하면서 1,500개가량의 파편이 발생했다. 파편들은 지상 400여 킬로미터 상공에 있는 국제우주정거장(ISS)에 부딪힐 뻔하여 ISS에 상주하여 임무를 수행하고 있는 우주인 7명이 대피하는 소동이 일어났다. 여기다 군사나 통신 목적으로 계속 쏘아올리는 수많은 인공위성 궤적(지나간 자국)은 천체 관측에 큰 지장을 준다고 한다. 인공위성 궤적이 점점 별 궤적을 덮어버릴 수 있다. 우주 쓰레기와 함께 이런 모습을 생각해보면 아름다운 녹색별로서의 지구가 아니라 어지럽고 지저분하다는 느낌이 먼저 떠오른다.

날씨를 만드는 주체는 사람이 아니라 태양이라는 사실은 지구라는 토지의 소유권과 운영권이 태양에 있다는 의미이기도 하다. 지구 생물 중 하나일 뿐인 사람의 책임은, 다른 생물 위에 군림하는 게 아니라 날씨가 정상적으로 작용하도록 '토지로서의 지구'를 가꾸는 데 있다. 사람을 가리켜 흔히 '만물의 영장(靈長, 신령스러운 힘을 가진 우두머리)'이라고 하는데, 이 말의 뜻은 다른 동식물에 대한 지배자가 아니라 씨앗이 싹을 틔워 자랄 수 있도록 땅을 잘 가꾸는 높은 수준의 책임이 있다는 의미라고 할 것이다. 이런 태도가 날씨, 즉 날의 씨앗에 대한 사람의 감수성(sensitivity) 아닐까. 감수성은 사물을 바르게 느끼려는 예민한 정서이고 태도이며, 그것을 위한 노력이고 실천이다.

태양의 날줄과 씨줄

이와 같은 날씨 감수성이 일상에서 자연스럽게 돋아나도록 하기 위해서는 어떤 연결적 의미를 찾으면 유익할 것이다. 그것은 날씨를 또다른 측면에서 날줄과 씨줄로 생각해보는 관점이다.

날은 천(피륙)을 짤 때 세로로 놓는 실이다. 씨는 가로로 놓는 실이다. 날줄과 씨줄이 바르게 연결되어야 천을 짤 수 있고, 천을 짜야 옷을 지어 입을 수 있다. 날줄은 한자로 경(經)이고, 씨줄은 위(緯)다. 지구의 위치를 나타내는 세로 좌표는 경도(經度)이고, 가로 좌표는 위도(緯度)이다. 날줄과 씨줄로서 날씨가 바르게 연결되어야 옷을 짤 수 있듯이 경도와 위도가 일정해야 지구의 바른 좌표가 가능하다. 좌표는 단순히 지리적 표시 기능을 넘어 "삶의 좌표로 삼다" 같은 표현에서 알 수 있는 것처럼 윤리적 올바름의 차원이 있다.

태양이 성실하게 그리고 한결같이 24시간 햇빛을 공급하는 자기의 역할에 충실한데도 온난화와 지구 쓰레기로 태양에 제대로 호응하지 못한다면 이는 분명히 지구인으로서 인류의 잘못이다. 지구온난화 또는 우주 쓰레기 같은 문제는 인류의 삶의 윤리와 뗄 수 없는 맥락이 있다. 나는 이에 대한 절실한 인식을 '날씨 감수성(weather sensitivity)'이라고 규정하고 싶다. 날씨, 즉 정직하고 성실한 태양의 씨앗에 대해 우울한 배신을 하지 않기 위해서라도 그렇다.

지구에 사는 사람 때문에 태양의 씨앗으로 날씨가 질서(가지런함)를 잃는다면 이는 인류의 가슴(마음)을 짓누르는 우울한 일이다. 우울(憂鬱)에서 우(憂)는 '頁(혈, 머리) + 心(심, 가슴 또는 마음) + 夊(치, 다리)'로 이뤄진 말인데, 마음이 위아래에서 압박을 받는 답답한 모습을 나타낸다. 우울을 비롯해 우려, 우환처럼 부정적 말로 많이 쓰인다. 여기에 사람(人)을 결합한 우(優)의 뜻은 매우 긍정적이다. '넉넉하다, 도탑다(사랑이나 인정이 많고 깊다), 품위 있다, 뛰어나다, 부드럽다'의 뜻이다. 그래서 우수, 우아, 우승, 우월, 우량, 우등 같은 말로 널리 쓴다.

울(鬱)은 우울이라는 말과 함께 억울(抑鬱), 침울(沈鬱), 암울(暗鬱), 울적(鬱寂, 鬱積), 울분(鬱憤), 울화(鬱火) 같은 말 때문에 부정적 의미가 두드러진 편이지만 본디 의미는 긍정적이다. 『설문해자』는 울(鬱)을 "나무가 무성하게 자라는 것(木叢生者, 목총생자.)"이라고 풀이한다. 여기서 울(鬱)은 '숲이 울창(鬱蒼)하다, 화려하다, 아름답다, 그윽하다, 향기롭다, 빛나다' 같은 뜻으로 확장된다. 동해를 지키는 독도의 어머니 섬 울릉도(鬱陵島)의 뜻도 이와 관련된다. 울(鬱)에 '답답하다, 갑갑하다'의 뜻이 있은 것은 숲이 너무 울창하면 시야를 가리기 때문인데, 이는 울(鬱)의 본질적 모습은 아니다. 울(鬱)에는 '鬯(창)'이라는 글자가 들어 있는데, 이는 울창(鬱鬯)이다. 울창(鬱鬯)은 튤립의 일종인 울초(鬱草)로 빚는 향기로운 술이다. 제사 때 신을 부르는 데 사용한다.

'소울(疏鬱)'이라는 말이 있다. 우울한 마음, 우울한 상태를 소통시켜 벗어나게 한다는 의미다. 우울이라는 말을 일상에서 지나치게 많이 쓰는 것 같다. 소울이라는 말로 조율(調律, tuning)을 하면서 균형을 잡아보면 좋을 듯하다. 나는 소울이라는 말을 생각하면 영혼이나 정신을 뜻하는 '소울(soul)' 또는 영혼의 동반자라는 뜻의 '소울메이트(soul-

mate)'가 떠오른다. 바르고 정상적인 날씨, 즉 태양의 씨앗이 사람의 소
울메이트로서 마땅할 것이다.

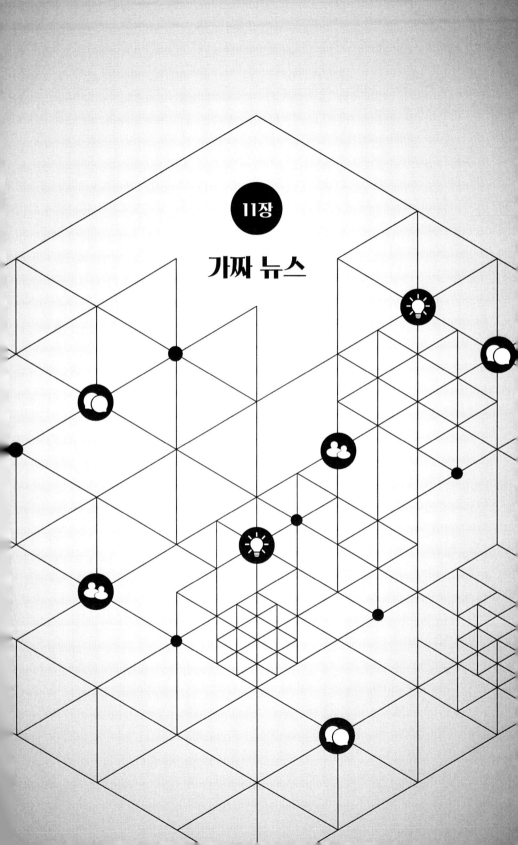

11장

가짜 뉴스

가짜 뉴스(fake news) – 허투루 외침

'가짜 뉴스라는 가짜 뉴스의 가짜', '진짜 가짜 뉴스', '진짜 같은 가짜'.

신문기자로 일하면서 "내가 쓰는 기사가 현실을 제대로 드러내고 표현하는가" 하는 걱정이 많았다. 기자를 직업으로 시작하면 가장 먼저 선배들에게서 듣는 강력한 충고가 "사실 그대로, 있는 그대로 써라!"라는 말이다. 이는 예나 지금이나 세계 모든 기자들이 절대적 기준으로 삼는 불변의 금과옥조나 다름없다. 기자가 마주하는 어떤 현실(現實)의 사실(事實, fact)을 '있는 그대로' 글이나 말로 나타낼 수 있다면 그것은 기사 이전에 모든 올바른 표현의 마땅한 기준이 될 것이다.

사람이 보고 듣고 느끼고 의식하고 생각하고 이해하고 분별하고 판단하는 과정을 거쳐, 인식하여 표현하는 사실(현실)이란 과연 무엇일까? 내가 현실이라고, 사실이라고 생각하는 어떤 것은 과연 현실이나 사실 그 자체일까? 내가 생각하고 판단하는 어떤 것은 사실을 비춰 정확하게 대응하고 일치하는지 어떻게 알 수 있을까? 무엇에 대해 생각된 것과 생각하는 것, 판단된 것과 판단하는 것은 무엇 자체와 어떻게 같거나 다를까? 무엇을 안다는 것은, 모른다는 것은 어떤 의미일까?

나는 대학생 때 철학을 공부하면서 '인식론(認識論)' 과목 때문에 적잖이 괴로워했다. 우선 매우 흥미로웠다. 인식론을 열심히 공부하면 그야말로 진리에 다가가는 충분한 방법이나 원리, 능력을 키울 수 있을 듯한 기대감이 들었다. '나는 철학을 전공하는 대학생으로서 인식론을 공부하므로 그렇지 않은 사람에 비해 무엇을 더 정확하고 바르게 인식할 수 있을 것'이라는 우월감 같은 생각도 들었다. 그런데 피상적으로나마 인식론을 공부하면서 기대감과 우월감은 점점 좌절감 같은 회의(懷疑)로 바뀌어갔다. 무엇을 정확하게 인식한다는 것이 도대체 무엇인지 확신하기 어려웠기 때문이다.

일원론(一元論), 이원론(二元論), 다원론(多元論), 주관주의, 객관주의, 선험주의, 경험주의, 실증주의, 실존주의, 주관적 실재, 객관적 실재, 현상론적 실재, 현상학적 실재, 유심론(唯心論), 유물론(唯物論), 주리론(主理論), 주심론(主心論), 주기론(主氣論) 등 무엇에 대한 인식을 둘러싸고 전개되는 관점들로 가득 찬 동양과 서양의 철학사는 "이렇게 보아야 맞고 바르다"라는 주장들이 부딪히며 경쟁하는 각축장처럼 느껴졌다.

20세기에 태어나 그 이전 수천 년의 역사에 담긴 이렇게 많은 인식론적 주장을 어떻게 소화해서 나의 올바른 관점, 시각, 견해를 가져야 하는가를 결정하는 일은 공부의 즐거움이라기보다는 괴로움으로 다가오곤 했다. 어떤 시대와 사회를 풍미한 인식론도 그 다음 시대의 학자 또는 학파에서 "그것은 가짜요 엉터리"라는 판단과 함께 철저히 부정되는 경우가 많다. 이런 경우 앞 시대에서 어떤 인식론을 확신한 사람들의 삶은 어떻게 되는가? 엉터리였다는 말인가? 이러한 원리는 지금 21세기에도 전혀 바뀌지 않았다. 어쩌면 사람의 불완전한 인식 조건이리라. 무엇이 있다는 것, 즉 어떤 현실이나 사실에 '대(對)한' 인식은 사람이 어떤 관점이나 시각으로 그것을 파악하느냐에 따라 아주 달라진다. 요즘 많이 쓰는 말, 프레임(frame, 무엇을 인식하고 판단하는 틀)에 따라 어떤 현실이나 사실은 이렇게 또는 저렇게 드러난다. 그 드러나는 것(현상, 現象)의 참모습은 무엇이고, 그것을 참 또는 거짓이라고 판단하는 근거는 명확한가?

무엇에 대한 인식의 참(진짜)과 거짓(가짜)을 판단하는 과정에는 사람의 여러 가지 측면이 들어가게 된다. 참과 거짓의 진위(眞僞)뿐 아니라 시비(是非, 옳음과 그름), 선악(善惡, 선량함과 나쁨), 미추(美醜, 아름다움과 추함), 호불호(好不好, 좋아함과 싫어함), 신불신(信不信, 믿음과 믿지 않음), 부분과 전체 같은 여러 차원이 판단에 복합적으로 개입한다. 무엇이(무엇에 대한 인식이) 사실이라 하더라도 선량하지 않거나 아름답지 않을 수 있다. 사실이 아니더라도 그것이 가짜 또는 엉터리라고 확정하기 어려운 경우도 적지 않다. 사실이 아니라는 것을 알지만 좋아하거나 믿을 수도 있다.

'있는 그대로'는 무엇일까

그렇다면 현실 자체, 사실 자체, 있는 그대로라는 것, 라틴어로 '페르세(per se)'는 도대체 무엇인가? 인식 과정은 나와 분리된 어떤 대상(현실, 사실, 실재)이 의식하고 생각하는 나에게도 다가와 자신을 알리는 그런 단순한 과정이 아니다. 나와 현실(사실)을 연결하는 중간(中間)의 무엇이 있는 듯하다. 특히 언어가 무엇을 담아낸다면 내가 쓰는 언어는 내 자신에게 독특한 중간세계(中間世界)를 형성하는 것이 틀림없다. 지금 쓰고 있는 이 글도 마찬가지다. 언어가 현실을 담아내는, 즉 드러내는 적극적인 역할을 현대 언어철학의 연구 성과는 중간세계 개념으로 이해한다.

이와 같은 인식의 문제를 미리 생각해보는 이유는 '가짜 뉴스(페이크 뉴스, fake news)'라는 그다지 반갑지 않은 개념을 마주하고 있는 현실 때문이다.

가짜 뉴스라는 말은 이제 저널리즘 세계의 주요 용어로 확고하게 자리를 잡은 것 같다. 빅카인즈(한국언론진흥재단 뉴스검색빅데이터)에 따르면 2011년부터 2021년까지 매스미디어에 언급된 가짜 뉴스라는 말은 2만 6899건이다. 2014년에는 8건에 불과했지만 2016년 73건, 2017년 3,181건, 2018년 4,069건, 2019년 4,836건, 2020년 8,164건이었다. 2021

년에는 6,568건 등장했다. 2014년 이전에는 가짜 뉴스라는 말이 거의 매스미디어에 나오지 않았음을 알 수 있다. 같은 기간에 '페이크 뉴스'는 1,113건으로 점점 일상적인 용어가 되고 있음을 알 수 있다. 같은 기간에 진짜 뉴스라는 말은 382건 등장했다.

가짜 뉴스라는 말이 매스미디어에 폭발적으로 증가하는 현상을 어떻게 이해해야 하는가? 뉴스(news)에 그렇게도 '가짜'가 많다는 말인가?

가짜라는 말은 허위나 거짓이라는 말에 비해 그 어감(뉘앙스)이 좋지 않은 느낌을 준다. 진짜는 참이나 진실이라는 말에 비해 그런 느낌을 준다. 진짜, 가짜, 괴짜에 붙은 '짜'는 어떤 성질을 가진 사물이나 사람을 나타내는 접미사이다. 가짜라는 말에서 느껴지는 부정적 뉘앙스 때문인지 학계에서는 가짜 뉴스라는 말 대신 '허위 조작 정보(disinformation)'라는 표현을 쓴다. 허위 조작 정보라는 말이 가짜 뉴스라는 말을 대체하기는 어려울 것이다. 허위 조작 정보라는 말은 중립적이고 객관적인 느낌을 주지만 두드러진 특성이 없이 밋밋하여 자극성이 떨어지기 때문이다. 자극성(刺戟性), 즉 어떤 작용을 주어서 반응이 일어나게 하는 성질이나 힘은 메시지의 대중적, 사회적 관심과 주목을 높이는 데 매우 중요한 측면이다. 자극이라는 말은 가시나 창처럼 날카로운 끝으로 찌른다는 뜻이다.

애매모호한 현실

가짜 뉴스를 다루기 전에 뉴스(news)의 특징에 대해 살펴볼 필요가 있다. 가짜 뉴스를 과연 뉴스라고 할 수 있는지 등 가짜 뉴스라는 표현에 대한 진단과 평가를 위해서도 뉴스의 성격을 먼저 인식할 필요가 있다. 누구나 가짜는 나쁘고 바람직하지 않다고 생각할 것이다. 어떤 가짜이든 불량품으로 여길 것이기 때문이다. "가짜 뉴스는 철저히 뿌리 뽑아야 한다"라는 주장에 반대하는 사람도 없을 것이다. 매스미디어 뉴스는 사정이 간단하지 않다. 어떤 일이 일어난 날짜가 6일인데 9일로 뉴스에 표현됐다면 이는 가짜이지만 그것은 단순한 착오이다.

그렇지만 '그 어떤 일'이 무엇인지, 실제로 일어난 일인지 아닌지 같은 문제는 뉴스로 표현된 내용만으로 판단할 수 없는 차원이 있다. 많은 나라에서 전해 오는 신화(神話, myth)를 단순히 허구나 가짜, 상상 또는 공상 이야기로 간주할 수 없는 것과 같은 맥락이다. 저명한 신화학자 캠벨(Campbell, 1904-1987)은 『신화의 힘』에서 신화를 사람의 영적(靈的) 잠재력을 보여주는 실마리로 이해한다. 사람이 우주와 조화를 이룬다는 느낌을 보여주려는 데 신화의 뜻이 있다고 주장한다. 이와 같은 관점은 삶의 깊은 차원을 이해하는 데 매우 중요한 현실이다. 동양의 도가(道家) 철학 경전으로 널리 알려진 『장자』 같은 문헌도 자연과 인간의 분리를 넘어서려는 차원을 많은 비유와 상징을 통해 보여주는 점에서 일종의 신화이다. 가짜 뉴스 문제도 뉴스의 특징과 본질, 나아가 사람의 현실과 인식과 이해의 바탕을 넓히면서 접근할 필요가 있다.

뉴스에 대해서는 많은 이론과 주장이 있지만 뉴스 연구의 세계적 석학으로 평가되는 미첼 스티븐스 교수(뉴욕대)의 『뉴스의 역사(A History of News)』가 뉴스의 성격을 살펴보는 데 유익하다. 이 책에는 뉴스의 본질에 관한 스티븐스 교수의 견해가 담겨 있다. 그것을 다음과 같이 정리해본다. 뉴스에 대해 오랫동안 깊이 연구한 통찰을 알 수 있다.

○ 지금이야말로 저널리즘과 뉴스에 대해 숙고할 가장 중요한 시기이다.
○ 뉴스란 '공중의 일부가 공유하게 되는 어떤 공익 대상에 관한 새로운 정보'라고 정의할 수 있다.
○ 뉴스는 사회가 생각하고 있는 것을 반영한다.
○ 사람들은 뉴스를 통해 자신의 주위에서 일어나고 있는 일을 바라본다.
○ 뉴스가 인간의 사고를 점유해왔다는 주장은 뉴스가 인간의 대화를 지배해왔다는 데서 찾을 수 있다.
○ 뉴스는 인간이 가진 감각 중의 하나라 보아야 정확할 것이다. 뉴스는 사회적 감각(social sense)이다.
○ 뉴스는 정보의 단순한 배열이나 오락 형태 이상의 존재다. 뉴스는 의식(awareness)이며 인간에게 안전성(security)을 준다.
○ 뉴스에 대한 인간의 관심은 자신이 직접 보지 못한 것에 대해 알고 싶어하는 불변의 욕구에 기인한다.

○ 우리 대부분은 자유롭고 열광적인 뉴스 전달자(news teller)이다.

○ 정보가 없는 사람은 뉴스를 얻기 위해 노력하고, 정보를 가진 사람은 그것을 퍼뜨리기 위해 애쓴다.

○ 언론의 발달 과정은 뉴스를 증폭하는(amplify) 능력의 확장 과정이다.

○ 저널리스트(언론인)가 뉴스에서 찾는 특성은 영향력, 감정적 호소력, 갈등, 시의성, 근접성, 현저성, 특이성 등이 있다.

○ 오늘날 언론의 핵심은 이들 특성 중에서 특이성(unusual)을 추구하는 데 있다. 뉴스는 일상적인 경험과는 아주 구별되는 사건들에 관한 이야기가 대부분이다.

○ 어떤 일이 사람들을 깜짝 놀라게 하여 뉴스가 되는 데는 뉴스 매체를 통해 뉴스를 전달받는 수용자의 규모에 따라 달라진다.

○ 뉴스 수용자의 규모가 확대된다는 것은 뉴스 증폭의 정도가 커진다는 것을 의미한다.

○ 가장 빠르고 가장 많은 수용자를 확보하는 매체가 뉴스 시장을 점유한다.

○ 뉴스는 순간(moment)에 살고 순간의 갈채(applause)를 받기 위해 존재한다.

○ 하나의 팸플릿이라도 새로운 것이어야만 독자들의 관심을 끌 수 있었다. 인쇄 뉴스는 대담한 내용을 담지 않으면 성공할 수 없었다.

○ 뉴스를 주고받는 일은 세계에 대한 놀라움을 표현하는 방법이다.

○ 저널리스트는 "아니, 이럴 수가!"라는 독자들의 탄성을 만들어내는 일에 종사한다.

○ 뉴스는 중요성 못지않게 뉴스의 특이성과 감정적인 호소력을 기

준으로 선정되는 조잡하고(coarse) 세련되지 못한(unrefined) 실체를 가지고 있다.

○ 저널리스트는 부자연스럽고(unnatural) 특이한(extraordinary) 현상을 추구하게 되어 있다.

○ 저널리스트는 뉴스가 시간에 밀려 역사로 변하기 전에 붙잡으려는 노력으로 깊이 생각해 볼 틈이 없는 사람들이다.

○ 저널리스트는 인생을 일관성 있게 전체적으로 보는 것이 아니라 연극처럼, 에피소드처럼 본다고 비난을 받는다.

○ 뉴스는 인생에 대한 것이 아니라 인생에서 특이한 하부 요소들에 대한 것이다.

○ 뉴스는 정치적 실재, 사회적 실재, 또는 일상의 실재가 아니다. 뉴스라는 사회적 감각은 조잡하고 부정확하다. 변함없이 잘 살고 있는 세계를 가지고 우리를 놀라게 하기 위해 지나친 노력을 기울이고 있다.

○ 저널리스트는 기사 구성의 성급함(impetuosity)에 좌지우지되고 자신의 기사에 힘을 부여하기 위해 그런 성급함에 의존하기도 한다.

○ 저널리즘이라는 굽은 거울(bent mirrors)을 통해 온갖 비정상적인 일들이 비춰지며, 시각이 왜곡되고, 공포스러운 이야기가 근거 없이 나타난다.

○ 뉴스는 사건과 텍스트가 결합하여 만들어지는 것이다. 사건이 기사를 만들어내는 동시에 기사도 사건을 만들어낸다.

○ 기사를 전달하는 과정에서 저널리스트들은 신념 체계나 사회적 지위, 일상 업무, 직업적 책임 등에 의해 제한을 받는다. 이 모든 것은 저널리스트가 사실을 선택하고 제시하는 데 영향을 미친다.

○ 저널리스트는 독자를 위해 단순히 세계를 비춰주는 거울은 아니다. 독자들에게 제시되는 시각이란 이 넓은 세계 가운데서도 저널리스트가 어디에다 지극히 좁은 관심의 초점을 비추는가에 따라 얼마든지 달라질 수 있다.

○ 기사는 저널리스트의 관점(point of view)에서 시작된다.

○ 저널리스트는 변화(change)를 쫓으며 뉴스를 파는 사람이다.

○ 저널리스트는 피상적 사실 중심으로 떠도는 경향이 있다(tend to swim close to the surface). 내면의 흐름보다는 수면에 튀는 물장구와 물결에 더 많은 관심을 가진다.

○ 뉴스를 통해 보면 세상은 더욱 우울한 일로 가득 차 있는 것 같다.

○ 우리가 마주하고 있는 뉴스의 공급 과잉(huge surplus of news)은 인류 역사상 특이한 경험일 것이다.

○ 우리가 마주하는 현실 세계와 저널리스트들이 우리에게 알려주는 세계 사이에는 분명히 차이가 있다. 뉴스가 풍요해지면서 일어나는 변화는 '미디어를 통해 주장되는 세계'와 '현실에 있는 그대로의 세계'가 서로 경쟁한다는 것이다.

○ 저널리스트는 사실을 단순화하기를 좋아하면서도 우리에게 복잡하고 골치 아프게 알려주고 장광설을 늘어놓고 있다.

○ 뉴스는 '~일 것이다(would be)', '~일 수도 있다(could be)' 식의 표현으로 끊임없이 현실을 포장한다.

○ 한계가 있지만 뉴스의 교환은 세상 물정을 알고자 하는 우리의 희망의 표현이며 그러한 충동이 언제나 출발점이 된다.

스티븐스 교수는 사람이 입을 통해 뉴스를 주고받던 기원전 4만 년

시대부터 인터넷이 발달한 현대까지 뉴스의 특징을 살피면서 이와 같은 견해를 보여준다. 뉴스를 생산하는 일에 종사했던 나로서도 그의 말은 부드러우면서도 뉴스에 대한 깊은 통찰을 예리하게 보여주는 것으로 느껴진다.

매스미디어 뉴스는 어떤 현실을 뉴스의 관점에서 취사선택하고 가공하고 해석해서 만들기 때문에 현실을 부분적이고 피상적으로 드러내는 경우가 많다. 의도하지 않더라도 뉴스는 현실 인식에서 축소와 과장을 벗어나기 어렵다. 사람들(대중)의 관심과 주목, 즉 흥미(興味)를 끌지 못하면 뉴스는 설 자리가 없기 때문이다. 미(味)는 '맛과 멋'이다. 뉴스를 제작하고 공급하는 입장에서는 독자와 시청자 같은 뉴스 소비자의 무관심은 매우 두려운 일이다. 세상 사람들의 관심과 주목에서 뉴스의 경제적 이익이 나오기 때문이다.

이 때문에 뉴스를 둘러싸고 왜곡 또는 편파 시비가 끊임없이 일어난다. 뉴스가 현실을 다루는(표현하는) 방식이 이를 접하는 사람의 상태나 상황에 따라 매우 다르게 인식되기 때문이다. 뉴스는 현실과 '틈'이 있고 뉴스 소비자는 뉴스에서 또 그런 틈을 느끼기 쉽다. 뉴스가 대중을 편가르고 갈등을 오히려 키운다는 주장이 생기는 것도 이와 같은 틈새 때문일 수 있다. 스티븐스 교수는 2014년 『비욘드(beyond) 뉴스 - 지혜의 저널리즘』을 펴냈다. 뉴스는 본성에서 불완전하지만 지혜로운 차원이라는 새로운 목표를 세워야 한다고 주장한다. 뉴스는 현실을 있는 그대로 비추는 거울은 아니지만 삶의 현실을 확장하는 고유한 역할은 사라지지 않을 것이기 때문이다.

생각이 사실을 만든다

권위 있는 언론 철학자이자 뛰어난 저널리스트로 평가받는 월터 리프먼(Walter Lippmann, 1889-1974)은 1922년 출간한 『여론이란 무엇인가(Public Opinion)』에서 뉴스의 본질을 탐구했다. 매스미디어가 넘치는 시대인 요즘, 그의 통찰과 견해에 더더욱 귀를 기울이게 된다.

리프먼은 '현실 세계와 머릿속에서 그리는 세계'를 주제로 이야기를 시작하면서 뉴스의 본질과 관련해 사람의 '유사 환경(類似 環境, pseudo-environment)'과 '유사 사실(類似 事實, pseudo-fact)'을 강조한다. 수도우(pseudo)는 '허위, 가짜, 사이비, 모조(품)'의 뜻이다. '꾸며낸 것'이라는 의미다. 리프먼은 "인간의 행동은 유사 환경에 대한 반응이라는 사실에 특별히 유의해야 한다"라고 말한다. 그가 말하는 'pseudo'는 단순히 어떤 것이 가짜, 허위라는 뜻이 아니다. 크건 작건 사람들이 만들어낸 환경을 의미한다. 그는 "사람들은 직접적인, 확실한 지식에 따르지 않고 자신이 만들어낸 이미지 또는 받은 이미지에 따른다고 가정해야 한다"라며 "사람의 행동은 세계를 어떻게 상상하느냐에 따라 결정된다"라고 말한다. 그래서 여론을 관찰하고 분석하려면 사람들이 '무엇을 사실이라고 생각하는지', '안다고 생각하는 사실이 무엇인지' 인식해야 한다고 주장한다. 그는 여론을 사람들의 욕구와 목적, 관계 등에 대해 머릿속에 그리는 이미지로 파악한다.

리프먼은 뉴스를 "사람들에게 뚜렷이 드러난, 흥미로운 사실의 묘사"라고 규정한다. 그래서 "뉴스는 사회 상황을 전반적으로 반영하는 거울은 아니며 드러난 국면(부분)을 보도하는 것에 지나지 않는다. 무엇이든 주목을 받고 객관화되며 측정되고 이름이 붙여질 요소가 많을수록 뉴스가 될 기회도 많아진다"라고 말한다. 리프먼의 이런 말을 보면 유사 환경과 유사 사실은 뉴스 소비자로서 사람들(대중)과 뉴스를 만드는 미디어 기업에서 공통적으로 형성되는 제3의 어떤 세계라고 느껴진다. 뉴스와 대중을 만나게 하는 가교로서 어떤 '중간 지대'가 형성된다고 할 수 있을 것이다. 이런 중간 지대로서 유사 환경은 진짜인가, 가짜인가? 이는 알 수 없다. 알 수 있는 것은 그런 중간 지대로서 유사 환경이 개인과 사회 공동체에서 '현실'로 작용한다는 점이다.

리프먼은 "고정관념은 그 사람의 취향에 따라 좋고 나쁜 감정으로 충만해 있으며, 공포와 욕망, 열망, 자만, 희망에 연결되어 있다"라면서 다음과 같이 말한다.

"고정관념의 체계가 확립되면, 그것을 밑받침해주는 사실에 우리의 관심이 쏠리고, 그것과 상반되는 사실로부터 우리의 관심이 멀어진다. '장밋빛 안경을 통해 본다'거나 '색안경을 쓰고 본다'는 것은 적절한 표현이라 할 수 있다. 우리의 눈이 받아들이는 데 익숙하지 않은 것은 우리에게 보이지 않는다. 때때로 의식적으로, 그러나 많은 경우에 무의식적으로 우리는 우리의 철학에 맞는 사실에서 강한 인상을 받는다."

여기서 리프먼이 말하는 철학은 자기 자신의 경험에서 얻은 인생관이나 세계관, 신념 같은 프레임(frame, 사고방식)일 것이다. 동양 고전

『대학(大學)』의 전(傳)7장에 "어떤 대상에 마음이 가지 않으면 보아도 보이지 않고 들어도 들리지 않고 먹어도 맛을 모른다. 그래서 자신을 수양한다는 것은 그런 마음을 바르게 하는 노력이다(心不在焉, 視而不見, 聽而不聞, 食而不知味. 此謂修身在正其心. 심부재언, 시이불견, 청이불문, 식이부지미. 차위수신재정기심.)"라고 했다. 리프먼의 말과 같은 맥락이다.

확증 편향(確證偏向, confirmation bias)이라는 표현이 널리 쓰이지만 사람의 인식에서 어떤 성향(性向, tendency)이나 경향성(傾向性), 편향성(偏向性)은 불완전한 인간의 인식에서 존중해야 할 측면이 있다. 사람들의 편향이 모여서 전체적인 인식을 만들어간다고 해야 적절할 것 같다. '제 눈의 안경'이라는 뜻으로 '아름답다는 것은 그것을 보는 사람의 관점에 달려 있다(beauty is in the eye of the beholder)'라는 말은 사람의 인식이 갖는 특징일 것이다. 유연하고 개방적인 인식 태도가 필요한 이유다. 이준웅 교수(서울대 언론정보학과)는 「확증 편향을 비난하는 편향성」이라는 제목의 칼럼(경향신문 2020년 12월 7일자)에서 "확증 편향은 복잡한 사태를 파악하기 위해 미리 갖고 있는 인지적 도식을 적용해서 인식하는 일이 효율적이어서 만들어진 것이다"라며 "다른 사람의 확증 편향에 화를 내거나 우월감을 느끼지 말자. 인간은 서로 범한 편향을 나누고 교정하면서 공통의 세계를 만들어 살기 때문이다"라고 했다. 확증 편향이나 부정성 편향(긍정적 현상보다 부정적 현상에 더 주목하는 경향) 등 편향에 유연하고 개방적인 태도는 소통을 위해서는 누구에게나 필요한 능력이라고 할 수 있다.

'~처럼(as-if)'의 현실

한스 파이힝거(Hans Vaihinger, 1852-1933)라는 독일 철학자가 있다. 그는 '마치 무엇인 것처럼(Als-Ob, as-if)의 철학'을 제시했다. 이런 인식론은 상당히 현실적인 의미가 있어 실제 그렇게 작용하는 것처럼 느껴진다. 많은 경우 사람들은 마치 무엇인 것처럼 생각하고 판단하고 느끼고 믿는다. 신화(神話)를 쓴 사람은 그 내용을 마치 실제로 일어난 일인 것처럼 이야기하고 독자들은 사실인 것처럼 읽고 감동을 받는다. 천국이나 천당을 믿는 사람들은 실제 천국이나 천당이 있는 것처럼 생각하고 이는 그들의 현실에 구체적으로 영향을 미친다. 지금 현실의 상황이 매우 나쁘더라도 나중에 잘될 수 있는 것처럼 생각하면 의지를 다져 노력하는 태도를 형성하는 데 도움이 된다.

삼단논법의 대전제로 널리 알려진, 증명할 필요가 없는 공리 같은 "모든 사람은 죽는다(소전제는 '소크라테스는 사람이다.' 결론은 '그러므로 소크라테스는 죽는다.')"도 '마치 그런 것처럼'이라는 관점에서 벗어나지 않는다. 지구에 사람이 살게 된 이후로 누구도 모든 사람이 죽는다는 것을 본 적이 없기 때문이다. 논리의 비약(飛躍)이고 믿음의 차원에 닿아 있다. 사람의 독특하고 신비한 인식능력인 무엇을 미루어 생각하는 추측(推測) 또는 추리(推理)로 가능하다. 참과 거짓, 픽션과 논픽션, 진짜와 가짜, 실제와 허구 같은 구별은 어쩌면 불가능할 수도 있다. 이는 무엇을 판단할 때 가능성을 열어두는 개방적인 태도가 필요하다는 점을 보여주는 것이기도 하다. 진실은 대화를 통한 합의에 도달하는 차원이나 경계에 있는지도 모른다.

가짜 뉴스와 짝을 이뤄 '팩트(fact)'라는 말이 널리 쓰이고 있다. 가짜 뉴스는 사실(事實, 실제로 있었던 일이나 현재 있는 일)과 다르다는 의미를 강조하기 위한 것으로 보인다. 사실이라는 말로 그 의미를 충분히 알 수 있는데도 구태어 팩트라는 영어를 쓰는 이유는 팩트라는 말이 사실이라는 말보다 어딘가 특별한 듯한 느낌을 주기 때문이 아닌가 싶다.

빅카인즈 검색에 따르면 2011년~2021년 동안 '팩트'라는 말은 매스미디어에 4만 6,306건 등장했다. 2011년에는 1,254건이었으나, 2014년 3,668건, 2017년 6,250건, 2020년 7,106건, 2021년 5,451건 등장했다. 팩트와 함께 '팩트 체크(fact check)'라는 표현도 늘어나고 있다. 같은 기간에 7,245건 등장했다. 2011년에는 29건에 불과했으나 2017년에는 991건, 2019년 1,296건, 2020년 2,369건으로 크게 늘어나는 추세다. 2021년에는 1,105건 등장했다. 팩트 체크는 '사실을 검증한다'라는 뜻인데, 가짜 뉴스가 늘어나고 있다고 보고 이를 검증하는 차원에서 많이 사용하는 것으로 추정된다.

규정하기 어려운 '있음'

 팩트(사실)란 무엇일까? 신문사 또는 방송사에 기자로 입사하면 가장 많이 듣는 말이 "그것 팩트인가?"이다. 기자는 팩트를 다루어야지 팩트 아닌 것을 다뤄서는 안 된다는 뜻이다. 팩트를 강조하는 이런 요청은 기자(저널리스트)뿐 아니라 학자, 정치인, 기업인, 일반인 등 세상 모든 사람에게 해당된다. 일상의 인간관계에서 어떤 사람이 팩트가 아닌, 즉 없던 일을 꾸며서 마치 사실인 것처럼 말하고 행동하면 그런 사람을 누가 신뢰하겠는가. 학자, 기업인, 정치인 등 모든 분야에 해당한다.

 얼핏 단순해 보이는 팩트라는 것을 좀 더 깊이 생각해보면 매우 복잡하고 어려운 차원에 부딪힌다. 팩트는 '일(事)'이다. 일이란 무엇일까? 표준국어대사전에 규정한 일의 뜻은 10여 가지다. 즉, ①무엇을 이루거나 적절한 대가를 받기 위해 일정하게 몸이나 머리를 쓰는 활동 ②계획과 의도에 따라 이루려는 대상 ③어떤 상황 ④사람의 행동 ⑤해결하거나 처리해야 할 문제 ⑥문젯거리가 되는 현상 ⑦형편이나 사정 ⑧과거의 경험 ⑨상황이나 사실 ⑩어떤 행위를 이루는 동작이나 상태 등이다.

 국어사전은 사실을 '실제 있었던 일이나 현재 있는 일'로 풀이한다. 이런 정의에서 본질은 '있음'이다. 너무나 쉽게 팩트와 팩트 체크를 말하고 있지만 아직도 가짜 뉴스와 팩트, 팩트 체크가 과연 무엇인지 명확한 이해가 없는 것은 이런 용어들이 보여주려는 뜻과 의미가 간단하지 않기 때문이다. 단순한 착오나 착각, 오인(誤認)으로 인해 무엇을 잘못 표현한 경우에는 곧바로 확인해서 고치면 된다. 그러나 사실(事實), 즉 어떤 일의 실재(實在, 있는 모습)가 무엇인지 따지고 들어가면 매우 복잡하고 어려운 철학적 존재론의 문제와 연결된다. '있음'은 과거와 현재, 미래에 속할 수도 있고, 또 넘어설 수도 있다. 그래서 '있음'을 존재(存在)와 존재자(存在者)로 구분하기도 한다.

어떤 일이 있었다거나 현재 있다고 할 경우, 그렇게 드러난 일뿐 아니라 그 일이 일어나도록 한 원인이 되는 일이 있고, 그 원인을 일어나게 하는 다른 원인이 있다. 이렇게 어떤 일은 원인의 원인, 그 원인의 원인이 얽혀 있다. 아리스토텔레스는 어떤 일(감각적으로 알 수 있는 물리적 현상 세계)의 원인을 계속 거슬러 올라가면 더 이상 올라갈 수 없는 상태를 생각했는데, 그것을 '제1원인'이라고 말한다. 그것에 관한 논의가 그의 『형이상학(메타피직스)』이다. 지금 유행이 되고 있는 팩트와 팩트 체크는 개념적 의미가 매우 좁다. '1 + 1 = 2'인데, 누군가 3이라고 하면 체크(확인)할 것도 없이 거짓(가짜)이라고 단정할 것이다. 하지만 '1 + 1 = 2'가 아닐 수 있다. 주사기에 물을 넣고 한 방울 떨어뜨린 뒤 그 위에 또 한 방울을 떨어뜨리면 두 방울이 되지 않는다. 그냥 한 방울이다.

데카르트는 절대 의심할 수 없는 확고부동한 출발점을 구하기 위해 의심할 수 있는 데까지 의심하는 방법을 쓴다. 그 결론이 "나는 생각한다. 그러므로 존재한다(cogito, ergo sum. 코기토 에르고 숨.)"라는 명제이다. 데카르트는 『제1철학에 관한 성찰(Meditations on First Philosophy)』을 '의심할 수 있는 것들'이라는 주제로 시작한다. 이 태도는 '데카르트의 방법적 회의(Cartesian Doubt)'로 불린다. 확실한 앎을 주체적으로 추구하는 태도는 인류가 선물로 받은 소중한 유산이다. 그는 '2 + 3 = 5'를 예로 들면서 사실이 아닐 수 있다는 의심을 한다. 감각에 속을 수도 있고 어떤 나쁜 악령이 속일 수도 있다는 생각이다. 데카르트가 방법적 회의를 시작하는 말을 들어본다.

"이전부터 나는 많은 거짓을 참으로 받아들였다. 그런 토대 위에 세운 것들이 얼마나 의심스러운 것인지 알게 되었다. 그러므로 내가 공부의 확실한 토대를 세우려고 한다면 내 삶을 걸고 처음부터 완전히 새롭게 시작해야 한다는 것을 깨달았다."

이와 같은 자세로 데카르트는 무엇이든 명확해야(clear and distinct) 주체적으로 동의하겠다는 입장을 분명히 한다. 그의 방법적 회의는 가짜 뉴스라는 문제를 넘어 사람의 앎에 관한 보편타당한 차원을 모색하는 것을 소홀히 해서는 안 된다는 인식론적 책임이라고 할 수 있다. 명확하다는 것은 명경지수(맑은 거울과 고요한 물 같은 심정)의 인식을 추구하는 태도이다. 사람의 인식 능력은 신(神)처럼 전지전능하지 못하므로 유연하게, 그리고 개방적으로 그 토대를 넓히지 못하면 대립, 갈등, 충돌이 발생할 가능성이 높다. 나는 가짜 뉴스와 팩트의 문제에도 이처럼 넓은 인식의 지평선을 펼쳐두는 정서와 태도가 필요하다고 생각한다.

팩트(사실)와 포스트트루스(탈진실)

팩트(fact)는 라틴어 '파키오(facio)'에서 나온 말이다. 뜻은 'do, make, construct, frame, build, produce, compose'이다. 한글 의미는 '어떤 행동이나 무엇을 하다, 만들다, 제조하다, 짓다, 건설하다, 다리를 놓다, 구축하다, 낳다, 새끼를 치다, 생산하다, 만들어내다, 어떻게 하다, 어떻게 하는 일'이다(『라틴-한글 사전』(가톨릭대출판부). 팩트라는 말이 생긴 명사형은 '팍툼(factum, 사실, 행위, 실제 행동, 일, 사건, 결과, 업적)'이다.

이를 보면 우리말의 '일'도 그렇지만 '팩트'라는 말도 그 의미가 상당히 복합적이라는 것을 알 수 있다. 무엇에 대한 사람의 인식은 매우 복잡하다는 점을 보여준다. 어떤 대상이 있고 그것이 그냥 나의 눈이나 귀 같은 감각기관에 수동적으로 들어와 어떤 인식을 형성하는 게 아니다. 같은 대상인데도 자신의 기분 같은 몸 상태에 따라 그에 대한 인식은 매우 달라질 수 있다는 것을 일상에서 종종 경험할 수 있다. 선입견(선입관)이나 고정관념, 개인적 경험 등이 무엇을 인식하는 데 개입한다. 어떤 현상이나 상황을 눈앞에서 직접 목격한다고 해서 그 목격자가 반드시 팩트(사실)를 100퍼센트 정확하게 다른 사람에게 전할 수 있는 것도 아니다.

상징과 무의식을 깊이 연구한 카를 융(C. G. Jung, 1875-1961) 박사는

1964년 출간된 『인간과 상징(Man and His Symbols)』의 1부 「무의식에 대한 접근」에서 다음과 같이 말한다.

"인간이 무엇을 완전하게 지각한다거나 이해한다는 것은 불가능하다. 우리의 현실 지각에는 무의식적인 측면이 존재한다. 감각이 현실의 사상(事象, 드러나는 현상), 현실의 풍경이나 소리에 반응할 때라도 이 현실의 사상은 어느 정도 현실의 영역에서 마음의 영역으로 옮겨간다는 점이다. 일단 마음의 영역으로 옮겨가면, 이 현실의 사상은 심적(心的) 사상으로 변하는데, 이 심적 사상의 궁극적인 정체는 알 수 없다."

이와 같은 융의 말에서 주목할 부분은, 사람이 무엇을 인식하는 과정에는 '무의식(無意識, unconsciousness)'이 개입한다는 점이다. 융에 따르면 우리가 경험하는 것은 무의식 속으로 들어가는데, 이 때문에 무엇을 의식할 때는 무의식이 동시에 작용한다는 것이다. 이런 사정에서 개개인의 사회적, 정치적, 종교적, 심리적 체험이 다를 경우 어떤 말(개념)이나 현실에 대한 의미에도 차이가 생긴다. 레이코프 교수에 따르면 개인이 드러내는 프레임(frame)은 매우 복잡한 과정을 통해 형성되고, 일단 형성된 프레임은 쉽게 바뀌지 않는다. 이런 프레임은 의식의 깊은 곳, 즉 무의식의 영역에 닿아 있을 것이다. 나는 무의식이라는 용어보다는 의식의 깊은 곳, 즉 '심의식(深意識, deep-consciousness)'이라는 표현이 어떨까 하는 생각을 한다. 부정을 나타내는 접두사 'un-' 때문에 번역을 '무(無)'라고 했을텐데, 무(無)는 존재 자체가 없음을 나타내는 의미가 강하기 때문이다. unconsciousness는 consciousness에 대한 부정이나 단절이 아니라 역동적인 관계가 본디 의미다. 그래서 융 박사는 "정신적 안정과 생리적 건강을 위해 의식과 무의식은 총체적으로 연결돼 있어야 하고 서로 평행을 이루며 작용해야 한다. 의식과 무의식이 서로 분리되거나 분열되면 심리적 장애가 생긴다"라고 말한다.

리프먼은 『여론이란 무엇인가』의 3부 「스테레오타입(고정관념)」에서 관련 사례를 소개한다. 독일 괴팅겐 심리학회는 훈련된 목격자 40명에게 20초 동안 눈앞에서 벌어진 소동에 대해 보고서를 쓰도록 하는 실험을 진행했다. 그리고 실제 소동의 내용과 보고서의 내용이 얼마나 다른지 그 비율을 측정했다. 단 1명의 보고서에서 다른 비율이 20퍼센트 이하였고 26명은 20~50퍼센트, 13명은 50퍼센트 이상 잘못된 내용이 들어 있었다. 24명의 경우 보고서의 10퍼센트는 자신이 순전히 지어낸 이야기를 담았다. 이 실험은 사람들이 눈앞에서 어떤 장면을 볼 때 이미 가진 관념이나 이미지 등을 결합하여 판단한다는 것을 보여준다. 간접적으로 접한 어떤 일에 대한 인식에는 축소나 과장 등 주관적 요소가 훨씬 더 많이 개입할 가능성이 높다. 개인의 주관적인 상태에 따라 어떤 현상(사실이 어떤 방식으로 드러난 모습)이 뚜렷하게 또는 희미하게 인식될 수 있다. 따라서 사람의 인식은 대상이 무엇인지에 따라 달라지며, 어떤 상태든 취사선택하고 가공하여 해석하는 과정을 통해 형성된다고 할 수 있다.

이는 상대방을 속여 어떤 이득을 취하려는 악의적인 행태와는 다르다. 가짜 뉴스에 대한 정의가 명확하지 않은 이유는 어떤 인식의 결과인 팩트나 사실에 이처럼 복합적인 측면들이 맞물려 있기 때문일 것이다. 예를 들어 "내 눈으로 똑똑히 보았다"라고 하면 사실에 매우 충실한 것으로 생각할 수 있지만 그렇지 않을 수 있다. 무엇을 '본다는 것'

은 그냥 눈으로 보는 게 아니라 인생관, 세계관 등 자신의 인식의 틀(프레임)이 개입하여 눈에 들어오는 현실을 흐릿하게 또는 분명하게 파악하기 때문이다. 같은 맥락에서 신화(神話)나 전설이 지어낸 이야기(허구)라고 하더라도 역사적, 문화적 삶의 차원에서 오랫동안 많은 사람들에게 영향을 미친다는 바로 그 '사실'은 매우 중요하다.

인지언어학자 레이코프(Lakoff)는 프레임과 사실, 가치(value)에 대해 다음과 같이 말한다. 사실(팩트)에 대한 논의에서 참고할 필요가 있다. 프레임과 사실, 가치는 모두 사람의 현실을 구성한다.

○ 진보주의자들이 분통을 터뜨리는 생각을 보수주의자들은 그들의 관점에서 진실(사실)로 받아들인다.
○ 프레임이 사실과 부합하지 않으면 사실은 무시되고 프레임은 유지된다.
○ 거짓말인가, 사실의 과장인가, 현혹적인 서술인가, 실수인가, 지나친 레토릭(꾸밈말)인가.
○ 프레임은 사실을 이긴다.
○ 가치는 사실이나 숫자보다 강하다.
○ 사람들은 프레임을 사용하여 사실을 이해한다.
○ 사실은 맥락을 필요로 한다.

여기서 '프레임은 사실을 이긴다', '프레임으로 사실을 이해한다', '사실에는 맥락이 필요하다'와 같은 주장은 사실(팩트)의 임팩트(impact, 영향력)와 관련해 현실적 의미가 있다. 그것이 맞느냐 틀리느냐 하는 측면뿐 아니라 사회적 임팩트가 있느냐 없느냐도 팩트의 존재(있음)에 큰 영향을 미친다.

　무엇에 대한 인식과 관련해 '탈진실(脫眞實, 포스트 트루스, post-truth)'라는 표현이 매스미디어 등에 자주 등장하고 있다. 빅카인즈에 따르면 2016년에는 26회였으나 점점 늘어 2021년에는 118회 언급됐다. 지금은 '탈진실 시대'라고 부르는 경우도 많다. 탈진실은 진실보다는 감정에 호소하는 것이 대중에게 더 호소력 있게 다가가는 현상인데, 사실(팩트)보다 개인적인 신념이나 감정이 사회적으로 더 큰 영향을 발휘한다는 것이다. 탈진실이라는 말은 대부분 부정적이고 바람직하지 않다는 맥락으로 쓰인다. 정확하지 않다는 의미가 들어 있다.

　탈진실이라는 개념은 매우 부실하고 정확하지 않다. 무엇을 생각하고 판단하는, 사람의 복합적인 인식 작용을 너무 단순하게 바라본다. 탈진실이라는 말에는 '주관적이어서 객관적이지 못하다'라는 전제 또는 선입견이 들어 있다. 수많은 연구에도 사람의 인식은 어떻게 성립하는지에 대한 정답은 아직 없다. 무엇에 대한 인식은 주관적 측면(차원)과 객관적 측면이 만나는 현장에서 형성된다고 볼 수 있다. 그 현장에는 이성뿐 아니라 정서와 느낌 같은 요소가 들어간다. 탈진실을 강조하면서 "탈진실 시대여서 가짜 뉴스가 더욱 기승을 부린다는 느낌이다"처럼 표현하는 경우가 있다.

　사람들의 '느낌(feeling)'은 현실이 무엇인지, 사실이 무엇인지 인식하고 판단하는 과정에서 매우 중요한 역할을 한다. 지구(Earth)는 하나이고 그 모양은 둥글다. 이에 비해 지구에 살고 있는 사람들이 느끼는 세계(World)는 사람 수만큼 많고 다양하다. 미국의 칼럼니스트 토머스

프리드먼은 2005년 지구촌의 세계화 현상과 흐름을 나름대로 분석한 『세계는 평평하다(The World is flat)』라는 제목의 책을 출간했다. 이런 관점과 다르게 『세계는 (평평하지 않고) 울퉁불퉁하다(The World is uneven)』 같은 제목의 책도 얼마든지 가능하다. 삶의 세계에서 느낌은 주관과 객관이라는 이분적(二分的)이라는 단순하고 좁은 틀을 넘어선다. 탈진실에서 '탈(脫)'은 적절한 접두어라고 하기 어렵다. 진실에서 벗어난다는 의미를 담으려고 했겠지만 탈(脫)의 본디 의미는 굴레나 속박(얽매임)에서 벗어나 매우 기쁘다는 뜻이다. 해탈(解脫)이라는 말이 이를 잘 보여준다. 반(反)진실 또는 비(非)진실이라고 하는 게 낫다.

팩트는 현실의 부분

세계적인 베스트셀러『팩트풀니스(Factfulness, 2019년 3월 국내 번역, 출간)』는 사람들이 가진 10가지 본능 때문에 현실(사실)을 크게 오해하고 있다는 주장을 편다. '사실 충실성'이라고 옮길 수 있는 팩트풀니스는 팩트라는 용어를 널리 유행시킨 큰 게기가 된 것으로 보인다. 세상은 점점 나아지고 있는데 많은 사람들(대중)의 통념이나 무지, 편견 때문에 그런 사실이 외면받는다고 저자들은 주장한다. 저자들은 주로 통계 자료를 활용해 자신들의 주장을 정당화한다. '사실'을 가장 잘 보여준다는 통계에 근거해서 세상 현실을 판단해야 정확하다는 것이 이 책의 핵심 주장이다. 저자들은 2019년 7월 우리나라를 찾아 기자간담회를 열었다.

관련 보도 내용을 종합해보면 저자들의 주장은 △세상의 무지와 편견을 극복할 수 있는 힘은 통계와 데이터이다 △팩트에 기반해 세상을 이해하려고 노력해야 한다 △사람들은 세상을 부정적으로 보는 경향이 있다 △이분법적 사고에 익숙하고 극적으로 사고하기를 좋아하는 인간의 본능이 세상이 나아지고 있다는 팩트를 외면한다 △미디어 뉴스도 이런 부정적 경향에 영향을 미친다 △팩트에 근거한 뉴스가 (가짜 뉴스보다) 훨씬 많다 △우리가 생각하는 것보다 세상은 훨씬 괜찮다 △팩트가 아니라 막연하고 부정적인 느낌으로 세상을 보기 쉽다 등이다.

이 책에는 예를 들어 어릴 때 죽는 아동 비율의 감소, 하루 2달러 미만의 소득을 얻는 극빈층의 감소, 문자 해독능력 비율 증가, 전기보급률 증가 등에 관한 긍정적 통계를 바탕으로 사람들은 과거에 비해 오래 살고 편리한 생활을 하고 있다는 주장을 편다. 저자(안나 로슬링 뢴룬드)는 국내 신문과 가진 인터뷰(중앙일보 2019년 7월 20일자)에서 "사람들은 어떤 사태의 크기(size)와 관련해, 양(amount)과 비율(rate)을 구별하지 못한다. 오늘날 8억 명의 인구가 빈곤에 시달린다. 엄청난 숫자지만 세계 전체 인구에서 차지하는 비율은 10퍼센트에 불과하다고 말할 수도 있다. 우리가 전 지구적인 문제를 얘기할 때 거론하는 수치는 대개 무척 크다. 하지만 그 수치가 진짜 놀라운 건지 아닌지를 냉정하게 판단하기 위해서는 전체적인 맥락 안에 집어넣어봐야 한다"라고 말했다.

여기서 저자는 빈곤 인구 8억 명은 매우 큰 숫자지만 비율로 따지면 세계 인구의 10퍼센트에 '불과하다'라고 표현한다. 이는 일정한 통계를 기반으로 하면서 통계를 해석하는 차원으로 넘어가는 것이다. 8억 명의 10퍼센트에 해당된다는 것은 통계 숫자이지만 그 숫자와 퍼센트가 갖는 의미에 대한 판단은 통계 숫자가 보증하지 못한다. 어떤 사람은 "10% 정도로 아주 적구나"라는 판단을 할 수도 있고, 어떤 사람은 "10퍼센트나 되다니 너무 많구나"라고 판단할 수도 있다. 빈곤 인구로 파악되는 8억 명에게 10퍼센트라는 비율은 아무런 의미가 없다. 저자들은 팩트를 매우 좁은 뜻으로 이해하는 것 같다. 인터뷰에 따르면 세계 전체 테러 희생자는 늘지만(1997년~2006년 5만 1,247명에서 2007년~2016년 15만 9,034명) 고소득 국가 희생자는 줄어(같은 기간 4,358명에서 1,439명) '사람들의 예상과 달리 점점 괜찮아지는 세상'의 사례로 들었다. 이런 통계로 무엇을 말하려고 하는지 잘 와닿지 않는다. 무엇이 99퍼센트라고 하더라도 나머지 1퍼센트에게 그 99퍼센트는 아무런 의미도 갖지 못할 수 있다.

저자들은 사람의 느낌을 팩트 파악의 걸림돌처럼 여기며 철저히 배제해야 현실을 바르게 볼 수 있다는 관점을 보이는데, 이는 피상적인 태도이다. 느낌은 이성과 감성, 나아가 영성(靈性) 같은 차원이 종합적으로 나타나는 높은 수준의 인식이다. 실제 일상에서 무엇에 대한 호감(好感)이나 비호감(非好感)이라는 느낌은 현실을 규정하는 강력한 인식이다. 저자들이 일정한 관점(긍정적인 세계관이 보인다)에 따라 그 관점에 최대한 적합하다고 판단되는 통계를 취사선택하고, 이를 긍정적으로 해석하는 데는 일정한 느낌이 작용한다. 취사선택되고 해석된 통계는 저자들의 관점을 합리화하는 수단이라고 할 수 있다.

국제구호(救護)개발기구인 옥스팜 가브리엘라 부세르 총재는 「인류의 99%, 더 가난해졌다」라는 제목의 기고(한겨레 2022년 1월 20일자)에서 "코로나 팬데믹(대유행)은 불평등에 의해 촉발되었고, 결과적으로 세계의 불평등 수준이 더 높아졌다는 것은 너무나 분명해졌다. 팬데믹 이후 26시간마다 새로운 억만장자가 탄생했고 세계 10대 부자의 자산은 2배 이상 늘어난 반면 인류의 99%는 더 가난해졌다"라고 주장했다. 코로나19가 빈곤한 사람들에게 더 큰 타격을 입히고 있다는 판단이다. 이와 같은 관점은 『팩트풀니스』의 주장과는 정반대이다. '팩트'라는 것은 독립적인 존재 자체가 아니라 '어떻게 볼 것인가'라는 관점(觀點)에 좌우된다는 사실을 보여준다.

현실을 담아내기 어려운 통계

복잡한 현실에서 통계가 무엇을(어떤 측면을) 보여줄 수 있고 무엇을 보여줄 수 없는지 분명하게 하는 것은 중요한 문제이다. 99퍼센트가 같은 판단을 하더라도 나머지 1퍼센트가 다른 판단을 한다면 이는 다른 현실(사실)이 있다는 것을 보여주는 것이다. 통계(統計)라는 용어가 본디 그런 뜻을 담고 있다. 통계는 '한데 몰아서 어림잡아 계산함. 대량 관찰의 결과로서 얻어지는 숫자'라고 할 수 있는데, 이는 현실을 입체적으로 명확하게 드러낸다는 의미가 아니다.

통(統)은 『설문해자』에서 "실마리이다(紀也. 기야.)"라고 풀이한다. 삶의 현실(사실)을 이해하는 하나의 실마리(단서)라는 의미다. 계(計)는 '모은다'의 뜻이다. 통계는 복잡한 현실 세계를 파악하는 실마리를 모으는 한 가지 방법이라는 뜻으로 볼 수 있다. 통계 숫자가 세상의 진실을 보여준다는, 『숫자는 어떻게 진실을 말하는가』 같은 책이 있는 반면 오히려 진실을 감추는 수단으로 이용된다는 『숫자는 거짓말을 한다』라는 책도 있다.

우리나라에서도 '부동산 통계 물타기', '코로나19 통계 그래프 왜곡', '정부, 통계 축소 논란', '고용 양호 주장 위해 외국의 엉뚱한 통계 인용', '쓰면 뱉고 달면 삼키는 통계', '경제 지표 개선하려고 통계 조작', '정부 입맛대로 집값 통계' 같은 뉴스 표현을 보면 복잡한 현실을 통계가 그대로 반영하기 어렵다는 것이 드러난다. 코로나19로 숨지는 사람에 대한 여러 나라의 통계가 축소(과장하는 경우는 없다)됐다는 지적도 많이 나왔다. 좋은 일은 널리 알리고 때로 과장하고, 나쁜 일은 최대한 알리지 않고 축소하려는 태도는 개인에게든 기업에게든 정부에게든 인지 상정처럼 생길 수 있다.

통계를 둘러싸고 많은 논란이 벌어지는 이유는 표면적인 통계를 넘어서는 삶의 차원이 있기 때문일 것이다. 발표되는 통계 자료를 사람들이 의심스럽게 느낀다면 그 순간 그 통계는 효력을 잃을 가능성이 높다. 통계는 삶과 현실의 일부 실마리를 보여주는 한 가지 방식일 뿐이다.

이와 같은 생각을 해보면 『팩트풀니스』의 관점도 삶의 복잡한 현실과 동떨어진 주장일 수 있다. 2021년 10월에는 『지금 다시 계몽』이라는 책이 번역, 출간됐는데 『팩트풀니스』의 관점과 비슷하다. 하버드대 심리학 교수인 저자 스티븐 핑커는 기대수명, 유아 사망률, 극빈자 비율, 식량, 불평등, 안전 등에 관한 통계와 숫자를 활용해 세상이 점점 나아지고 있다고 주장한다. 그는 사람들이 이와 같은 사실을 제대로 인지하지 못하는 것은, 매스미디어의 뉴스와 지식인들이 세상에 대한 부정적 모습을 강조하는 이유가 크다고 주장한다. 핑커 교수는 2016년 우리나라에서 열린 포럼에 참석해 "길게 보면 세상에서 폭력은 줄어들고 있다"라고 주장(한국일보 2016년 5월 21일자)했다. 그가 여기서 말한 '길게 보면'이라는 단서는 하나의 가정(假定)이나 전제(前提)일 뿐이다.

숫자의 힘은 대체로 강력하지만 삶의 가치나 미적(美的) 차원 같은 문제는 숫자로 계량화하기 어렵다. 추측이나 전망, 예상, 가능성 같은 차원은 숫자나 통계로 분명하게 판단하기 어렵다. 게다가 무엇에 대한 축소 또는 과장은 그 사실 관계를 확인하기가 매우 어렵다. 어떤 사실이나 현상을 절대적 차원에서 판단할 것인지, 상대적 차원에서 판단할 것인지, 미시적 차원에서 판단할 것인지, 거시적 차원에서 판단할 것인지도 매우 복잡한 문제이다. 사실에 대한 인식은 '사태(事態, situation, 일이 되어가는 상황)' 또는 사정(事情)이라는 현실의 움직임을 떠나서는 입체적으로 판단하기 어렵다. 세상일은 고정적이지 않고 복잡하게 바뀌기 때문이다.

'역사적 사실(historical fact)'이라고 하면 거의 누구나 객관적으로 여기면서 의심하기 어려운 사실로 받아들이기 쉽다. 저명한 역사학자 에드워드 카(E. H. Carr, 1892-1982)의 『역사란 무엇인가』에 따르면 순수한 형태의 역사적 사실은 존재하지 않는다. 카는 "역사적 사실은 해석(interpretation)의 문제에 좌우된다. 역사에서 사실에 대한 선택과 해석은 언제나 가치판단과 밀접하게 연관되며, 인과관계는 해석과 밀접하게 연관된다"라고 말한다.

역사뿐 아니라 모든 현실에서 해석과 의미를 떠난 '그 자체(per se)'가 무엇인지 알기 어렵다. 무엇이 부분적으로 또는 단편적으로 사실이라 하더라도 전체적으로, 즉 의미와 가치의 차원까지 포함할 경우에는 사실이 아닐 수 있다. 매스미디어 뉴스도 선택과 해석이라는 가공을 거쳐 만들어진다. 카는 이런 사정을 "사실들은 생선장수의 좌판 위에 놓여 있는 생선과 같은 것이 결코 아니다. 사실들은 넓은 바다를 헤엄치는 물고기와 같다. 역사가가 무엇을 잡아올릴 것인가는 그가 어느 지점에서 어떤 낚시 도구를 사용하는가에 좌우된다."고 하는데, 적절한 비유라고 할 수 있다. 매스미디어가 개별적인 사실이나 현상을 취사선택하여 가공한 뒤 뉴스 메시지로 만드는 과정도 이와 비슷하다.

　나는 이런 맥락에서 '유스풀니스(usefulness)'라는 개념을 제안하고 싶다. 팩트풀니스라는 개념이 대략 '사실인가 사실이 아닌가'를 기준으로 삼는다면 '유용성(有用性)'또는 '효용성(效用性)'이라고 할 수 있는 유스풀니스는 '현실적인 만족이 있는가 없는가, 있다면 어느 정도이고 없다면 어느 정도인가'를 기준으로 삼을 수 있다. '어떤 것'이 사실(팩트)인가 아닌가도 중요하지만 그것이 사실이라 하더라도 '나'에게 어떤 의미나 가치, 효용(效用), 이해(利害, 이익과 손해)가 있는지도 매우 중요하다.

　일상뿐 아니라 매스미디어 뉴스 표현, 법관의 판결문, 학술 책이나 논문 등에 다음과 같은 표현이 상당히 많이 등장한다. '말했다'의 다양한 표현이다.

　'~때문인 것으로 보인다', '~같다', '~아닐까 싶다', '~듯한 인상을 준다', '~라고 말하기 어렵다', '~짐작할 수 있다', '~때문일 것이다', '사실이라고 보기 어렵다', '~할지도 모른다', '~할 필요가 있다', '~한 모양새다', '~라고 기대된다', '~라고 추정된다', '~라는 주장이다', '~라고 부인하기 어렵다', '~라고 해도 지나치지 않다', '~아닌가 싶다', '~하는 듯하다', '~같은 분위기다', '~라고 비친다', '~할지도 모른다', '~할 가능성이 있다', '~라는 의문을 갖지 않을 수 없다', '~같은 느낌을 준다'.

　이와 같은 표현은 모두 애매모호(ambiguous and vague)한 의미를 담는다. 이런 표현은 어떤 상황(현상, 대상)에 대한 사실인가 아닌가, 팩트인가 아닌가? '~라고 보기 어렵다' 같은 표현은 '이다, 아니다'같이 단정하는 표현이 아니다. 상황의 어떤 중간(中間)을 말하려는 표현이다. 애매모호하게 들리지만 이것이 언어의 특징이다. 언어는 무엇에 대한 단순한 기능적 기호가 아니기 때문이다. 언어철학의 연구에 의하면 언어의 애매모호함은 언어의 불완전함 때문이 아니라 복잡하고 미묘한 현실을 유연하게 담아내기 위한, 언어의 특별한 성격 때문이다. 독일의 언어학자 훔볼트(Humboldt, 1767-1835)는 '중간세계(中間世界, Zwischen-welt)'라는 개념을 제시했는데, 이는 모호한 언어 표현의 적극적인 특징을 잘 보여준다고 할 수 있다. 사람은 언어를 통해 사물과 사람을 연결하는 중간세계를 형성한다는 것이다. 이런 중간세계는 팩트(사실)이기보다는 시추에이션(사태)에 가깝다. 그럼에도 이와 같은 표현은 현실적으로 유용(有用)하다.

중간세계로서 현실

어떤 사실(이를 사실이라고 말하면, 즉 규정하면 이미 그것은 사실 자체가 아니라 사람에 의해 취사선택되고 해석된 현상이 된다)이 고정되어 있고 변하지 않느냐, 아니면 움직이고 변하느냐 하는 문제는 동서고금의 수많은 논의에도 불구하고 여전히 명확한 답이 없다.

"뉴스는 급하게 쓰는 역사"라는 말이 있다. 이 말은 오랫동안 종이신문이나 방송매체(미디어)에 해당됐지만 지금은 그 의미가 훨씬 넓어졌다. 지금은 누구나 세상의 특이한(특이하다고 생각하는) 일을 여러 가지 1인 미디어를 통해 확산시킬 수 있기 때문이다. 스티븐스 교수는 "우리는 대부분 자유롭고 열광적인 뉴스 전달자이다(we are, most of us, free and enthusiastic news-tellers)"라고 한다. 『삼국유사』의 경문왕 편에 실려 있는 이야기(신라시대 궁중의 기술자가 임금의 귀가 당나귀처럼 긴 모습을 알리고 싶어 혼자 대나무 숲에 들어가 외쳤다는 내용)는 혼자만 알고 있을 수 없는 뉴스 텔러(news-teller)의 심정을 잘 보여준다.

빨리 알고 싶고, 빨리 퍼뜨리고 싶은 욕구가 앞서지만 현실 세계의 상황은 어긋날 경우가 많다. 그래서 사람들은 어떤 상황이 명확하게 확인되지 않더라도 무언가 '그럴듯하면(plausible)' 급히 공유하고 싶어 한다. "뉴스는 싱싱할 때 먹어치워야 한다"라는 말이 있다. 이것저것 체크하다 보면 그 일의 신선함이 떨어져 뉴스라고 하기 어렵다. 사람들의 눈과 귀를 빨리 붙잡을 수 있는 타이밍을 놓칠 수 있기 때문이다.

가짜 뉴스의 생산과 유포는 이와 같은 사정과 연관될 것이다. 거짓
말도 반복되거나 여러 사람이 하면 믿는 경우가 많다는 말로 널리 알
려진 '증삼살인(공자의 뛰어난 제자인 증자가 사람을 죽였다는 말)'이나 '삼인
성호'가 춘추전국시대에서 비롯됐다는 것은 거짓말을 경계한다는 의미
보다는 사람들을 놀라게 하려는 뉴스 텔러의 뿌리가 매우 깊다는 점
에서 중요할 것이다. 16세기 조선 중종 때 발생한 기묘사화(조광조 일파
제거 사건)가 '주초위왕(走肖爲王)', 즉 조(趙)씨가 왕이 된다는 나뭇잎 글
씨를 계기로 촉발됐다는 이야기도 같은 맥락이다. 나뭇잎 글씨가 사실
이든 아니든 이 사건을 전해들은 임금은 놀라지 않을 수 없었고 조광
조는 죽는다.

인터넷의 발달로 누구나 소셜미디어(SNS)를 통해 뉴스를 생산하고
확산시키는 크라이어(crier)가 될 수 있는 시대가 활짝 열렸다. 사실 관
계가 분명하지 않은 내용이라도 빨리 외치고 싶은 충동을 갖기 쉽다.
가짜 뉴스를 퍼뜨리기 쉬운 사회적 환경이지만 이는 동시에 그 내용을
검증하기 쉬운 환경도 동시에 갖춰져 있는 것이다. "많은 사람을 오랫
동안 속일 수는 없다"라는 오래된 격언은 매스미디어가 발달한 지금
시대에 더 유효하다.

의혹이나 논란의 상황에 참과 거짓, 진짜와 가짜 같은 기준을 성급
하게 적용하려는 태도 또한 성급한 충동일 수 있다. 어제의 거짓이나
가짜가 오늘 참이나 진짜로 바뀌는 경우도 매우 많다. 많은 사람들의
눈과 귀가 참여하는 그런 '과정(process)'이 중요하고, 그런 과정 자체가
높은 차원에서는 '삶의 사실'이 될 수 있다. 거짓보다는 참을 더 좋아

하는 세상 사람들의 자정(自淨) 성품이, 조급하게 서두르는 가짜 뉴스와 팩트 체크라는 유행보다 더 신뢰할 수 있는 사회적 자본이 아닐까. 개념에 대한 잉태적 태도는 성급하게 허투루(아무렇게나 마구 되는대로) 외치고 싶은 충동에서 한발 물러설 수 있도록 하는 데 도움이 될 수 있다.

'가짜 뉴스'라는 불편한 표현

나는 가짜 뉴스라는 말이 유행하면서 생기는 매우 부정적인 측면은 '새로움으로서 뉴스'의 윤리성과 정명(正名)을 훼손하는 것이라고 생각한다. '새롭다'는 '이전과 다르게 생생하고 산뜻하게 느껴지는 맛이 있다'라는 뜻이다. 이는 비(非)윤리적이고 반(反)사회적인 의미와는 어울릴 수 없다. 창의(創意)나 창신(創新), 창조(創造) 같은 말도 윤리적이고 사회적인 의미를 담고 있다.

그런데 가짜 뉴스라는 말이 일상어처럼 굳어지면서 '진짜 가짜 뉴스', '가짜 가짜 뉴스', '진짜 이유', '가짜 이유', '진짜 사실', '가짜 사실', '진짜 개혁', '가짜 개혁', '진짜 보수', '가짜 보수', '진짜 진보', '가짜 진보'처럼 진짜 또는 가짜라는 군더더기를 붙이는 경우가 덩달아 늘어나 말과 현실을 더욱 혼란스럽게 만든다. 뉴스인가 아닌가, 이유인가 아닌가, 사실인가 아닌가, 개혁인가 아닌가처럼 진짜 또는 가짜라는 수식어를 붙이지 않아야 바른 표현, 즉 바른 현실이다.

가짜 뉴스라는 표현은 뉴스라는 말이 갖는 긍정적인 의미에 기생하려는 불순한 언어 조합이다. 국어사전의 풀이처럼 어떤 이익을 위한 의도에서 거짓을 퍼뜨리는 것은 사기 범죄일 뿐 어떤 식으로든 뉴스라는 말과 연결할 수 없고 연결해서는 안 된다. 가짜 뉴스는 '뜬소문'이나 '헛소문', '날조된 소문', '조작된 소문' 같은 말로 대체할 필요가 있다. 소문(所聞, 루머, rumer)은 사람들이 입에 올리는 이야기인데, 근거가 부족하거나 확인이 필요한 내용이라는 뉘앙스가 들어 있다. '헛', '뜬', '날조', '조작'은 모두 '거짓'을 나타내는 '페이크(fake)'나 '폴스(false)'의 뜻이다. 내용이 맞느냐 틀리느냐의 문제와는 별개로 페이크 뉴스, 폴스 뉴스, 가짜 뉴스라는 말이 '새로움으로서 뉴스'라는 표현을 혼란시키고 오염시키는 비정상적인 현실을 생각하는 감수성이 필요하다.

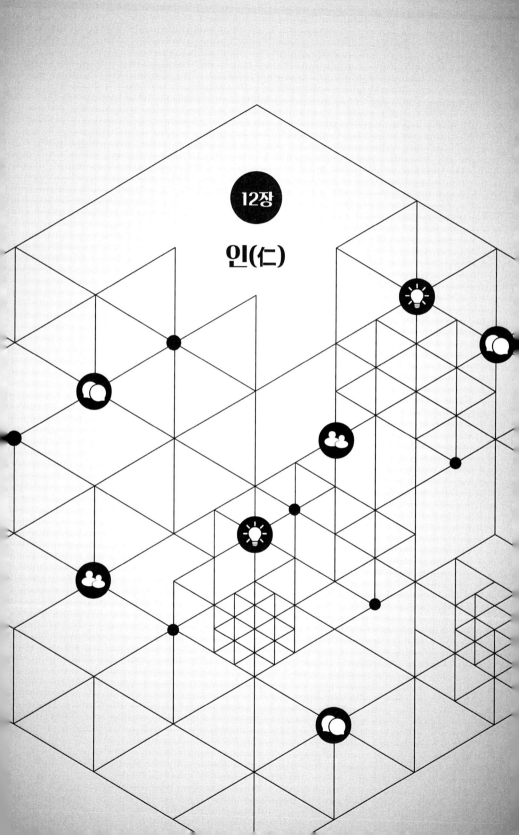

12장

인(仁)

인(仁, humanity) - 안중근 의사의 바탕

인(仁):

남을 사랑하고 어질게 행동하는 일

- 표준국어대사전

'어짊(仁)은 최고의 처세', '공자의 핵심은 인(仁)', '인의예지(仁義禮智)', '인자무적(仁者無敵)', 살신성인(殺身成仁).

'인(仁)'이라는 말은 동양이나 서양 사회를 구분하지 않고 사람의 바람직한 성품으로서 가장 높은 차원일 것이다. 특히 동양에서는 오래전부터 사람됨의 시작은 인(仁)에서 시작해서 인으로 끝난다고 할 정도로 그 의미가 무척 컸다. 인(仁)을 주제로 하는 책이나 논문은 너무나 많아 헤아리기조차 어렵다. 그런데도 '인(仁)이라고 하면 무엇이 떠오르는가'에 대해서는 동양철학을 전공했다는 나부터 선명하지 않다. '남을 사랑하고 어질게 행동하는 것'이라는 국어사전의 풀이는 막연하여 인(仁)의 특성이 구체적으로 와닿지 않는다. 어질다는 '마음이 너그럽고 착하여 슬기롭고 덕이 높다'라고 풀이하는데, 이 또한 두루뭉술한 인격을 말하는 것 같아 잘 와닿지 않기는 마찬가지다.

인(仁)이라고 하면 공자와 맹자 등으로 대표되는 유학(儒學)이나 유가(儒家)를 떠올리기 쉽지만 인(仁)은 유학이 독점할 개념이 아니다.

인(仁)은 공자 시대보다 훨씬 앞선 『시경』과 『서경』에 나타나는 점으로 미뤄 뿌리가 매우 깊다. 『시경』에는 2회 언급되는데 모두 어떤 사람을 가리켜 "아름답고 멋진(美且仁. 미차인.)"이라는 뜻으로 쓰였다. 『서경』에는 '훌륭한 인품을 가진 사람'이라고 할 수 있는 인인(仁人) 등 5회 언급된다. 『시경』과 『서경』에서 인(仁)은 특별히 강조되는 덕목이 아니라 '훌륭한 인품' 정도로 간단히 언급되는 수준이다. 공자보다 200년 앞서는 『관자』라는 문헌(관포지교 고사의 주인공인 춘추시대 제나라 정치가 관중의 사상을 담은 책)에도 인의(仁義)는 올바른 사람됨의 성품을 나타내는 개념으로 자연스럽게 쓰인다.

인(仁)은 사람의 보편적 정서

이와 같은 인(仁)이 춘추시대 말기에 살았던 공자(孔子)에 의해 매우 특별한 사람됨으로 강조됐다. 인(仁)이라는 성품을 강조하면서 회복할 필요가 있는 시대적 상황 때문이었다. 공자의 삶과 대화를 기록한『논어』에는 인(仁)이 109회 등장하는데, 이는 군자(君子, 논어에 107회 언급)와 함께『논어』의 핵심을 이루는 개념이다.『논어』에서 공자의 말로 기록된 내용 중에서 인(仁)을 설명하는 구절은 20여 곳이다. 이 중에서「안연」편의 "인이란 사람을 아끼고 알려고 하는 것이다(愛人, 知人. 애인, 지인.)"와「자로」편의 "의지가 굳세고 소박하며 말을 신중히 하는 모습이 인에 가깝다(剛毅木訥, 近仁. 강의목눌, 근인.)"라는 구절이 인(仁)의 의미를 비교적 구체적으로 보여준다. 공자가 인을 특별히 강조했지만 그렇다고 공자를 인 사상의 대표자처럼 단정하는 것은 편견이다.

공자가 죽고 10년쯤 뒤에 태어난 묵자(墨子)라는 사상가가 있다. 공자와 같은 노나라 사람이다. 묵자의 사상을 담은『묵자』에도 인(仁)이 99회 등장한다. 공자의 유가(儒家)와 묵자의 묵가(墨家)는 대립적인 사상이지만 인(仁)은 핵심 개념으로 사용됐다. 묵자는 겸애(兼愛, 사람들이 서로 아끼고 존중함)를 강조했지만 제대로 계승되지 못했다. 전국시대 말기에 살았던 한비는 그의『한비자』첫 구절을 "지금 시대를 대표하는 사상은 유가와 묵가이다"라는 말로 시작하는데, 이를 보면 당시 묵가의 세력이 매우 컸음을 엿볼 수 있다.

묵가는 묵자가 죽은 뒤 학파로 성장하지 못한데다 맹자 등이 묵자를 강하게 배척하면서 역사에서 거의 사라졌다. 묵자 사상의 핵심도 인(仁)이다. 『묵자』의 「수신(修身, 몸을 수양함)」, 「상현(尚賢, 유능한 사람을 높임)」, 「겸애(兼愛, 사람을 두루 아낌)」, 「절용(節用, 절약하는 생활)」, 「비공(非攻, 전쟁을 반대함)」 편의 내용을 보면 이를 알 수 있다. 또 「비유(非儒, 유학을 반대함)」 편도 있다. 묵자 사상이 제대로 계승, 발전되지 못한데 대한 아쉬움이 든다. 묵자의 핵심으로는 흔히 '겸애'를 꼽지만 정확히는 '겸상애, 교상리(兼相愛, 交相利)'이다. 막연하게 서로 아끼고 위하는 데 그치는 게 아니라 그럼으로써 서로 구체적으로 도움이 되도록해야 한다는 의미다.

도가철학의 상징 인물인 노자와 장자에게도 인(仁)은 중요한 개념이다. 도가(道家)에서 인(仁)은 대체로 사람의 자연스럽고 소박한 모습(樸, 朴, 박.)을 얽매는 족쇄나 질곡으로 여기지만 '상인(上仁)', '대인(大仁)', '지인(至仁)' 같은 용어를 사용하면서 인(仁)의 깊은 의미를 담아내려고 한다. 노자와 장자가 부정하는 인(仁)은 인 자체라기보다는 인을 좁고 피상적으로 이해하는 경직된 관점이었다.

유가를 중심으로 인(仁)은 동양에서 사상에 국한되지 않고 문화와 삶에서도 핵심적인 위치를 차지하는 개념이 되었고 대중적으로도 널리 알려졌는데도, 인이라고 하면 반사적으로 떠오르는 이미지가 막연하여 명확하지 않은 편이다.

대개 '어질 인'이라고 읽는 인(仁)의 사전 의미는 '어질다, 자애롭다, 인자하다, 사랑하다, 감각이 있다, 민감하다, 씨, 과실 씨의 속살'이다. 이

중에서 씨의 뜻으로 쓰일 때는 예를 들어 살구씨는 행인(杏仁), 복숭아씨는 도인(桃仁) 등이다. 호두나 잣처럼 열매의 씨가 단단한 껍질로 된 과실을 인과류(仁果類)라고 한다. 병이 들거나 하여 몸에 감각이 마비돼 둔한 상태를 불인(不仁)이라고 하는데, 이는 인(仁)에 있는 '감각이 있다'는 뜻의 반대 의미가 된다. 인(仁)은 사람을 나타내는 인(人)과 둘을 나타내는 이(二)의 결합이라는 뜻에서 '두 사람이 친하게 지내는 모습'을 나타낸다는 해석도 있다. 영어로는 'true virtue', 'perfect virtue', 'benevolence'로 번역한다. 이 책에서는 '사람다움'이라는 의미를 살려 'humanity'라고 옮겼다.

『설문해자』는 인(仁)을 "친밀함이다(親也. 친야.)"라고 풀이한다. 친(親)은 '친하다, 사랑하다, 사이좋게 지내다, 가까이 하다, 화목하다, 새롭다'의 뜻이다. 『설문해자』는 친(親)을 "도달하다.(至也. 지야.)"라고 풀이하는데, 지(至)는 "공중을 날아다니는 새가 땅에 내려앉음이다(鳥飛从高下至地也. 조비종고하지지야.)"라고 풀이한다. 갑골문자에서 지(至)는 땅에 화살이 꽂힌 모양을 나타낸다. 지(至)의 사전 의미는 '도달하다, 영향이나 작용을 미치다, 지극하다, 힘쓰다, 이루다, 지향하다, 친근하다, 지극하게, 최고로, 가장, 크게, 마침내'이다. 『설문해자』는 서(恕)의 뜻을 '仁也(인야)'라고 풀이한다. 서(恕)는 '같다'는 뜻의 '如(여)'와 '마음'이라는 뜻의 '心(심)'으로 이루어진 글자에서 알 수 있듯이 '다른 사람과 마음을 함께 하는 너그러움'의 뜻이다.

인(仁)은 민첩한 감수성

이런 뜻을 종합하면 인(仁)은 어질다는 정적(靜的)인 느낌을 주는 어떤 성품이라기보다는 '윤리적으로 바람직한 어떤 목표를 추구하면서 힘써 노력하는 태도'라고 이해할 수 있다. '씨(씨앗)'에서 받는 생명력이라는 의미를 더하면 인(仁)의 이미지를 그려내는 데 도움이 된다. 싹을 틔우는 씨앗의 생명력은 둔감할 수 없다. 목표를 성실하게 추구하되 민첩하게 움직이는 의미를 생각할 수 있다. 이렇게 인(仁)을 이해하더라도 여전히 추상적이고 관념적이다. 이 난관을 뛰어넘을 실마리가 없을까?

「2만 2,319자에 담긴 충정 "인(仁)으로 악에 대적하라"」. 나는 '안중근 자서전『안응칠 역사』재평가'를 주제로 작성한 신문기사(중앙일보 2021년 2월 16일자)의 이 헤드라인에 주목했다. 평소 안 의사에 대해 관심을 갖고 있었지만 그가 직접 '인(仁)'을 말했을 것이라고는 예상하지 못했기 때문이다.

2만 2,319자는 안 의사가 1910년 3월 뤼순 감옥에서 순국하기 직전에 한문으로 쓴『안응칠 역사』라는 자서전(안중근의사기념관 홈페이지에 전자책으로 실려 있다. 안 의사의 삶을 자세히 살펴볼 수 있는 귀중한 자료이다. 생생한 표현에서 안 의사의 성실함과 필력을 느낄 수 있다)의 분량이다. 응칠(應七)은 안 의사의 어릴 때 이름이고 자(字)이다. 안 의사는 의병 활동

중에 붙잡은 일본군 포로를 풀어준 일이 있었다. 이 일을 두고 내부에서 불만이 나오자 안 의사는 다음과 같이 말했다.

"일본 4,000만 남짓의 인구를 다 죽인 뒤에 국권을 회복하겠다는 계산인가? 이토의 포악한 책략을 세계에 널리 알려 열강이 동감하는 뜻을 얻은 뒤에야 원통함을 갚을 수 있을 것이오. 이것이 이른바 '약한 것으로 강한 것을 제거하고 인(仁)으로 악을 대적한다'는 것이니, 여러분은 부디 여러 말 마시오."

이 기사는 「100년 시간 뛰어넘는 동시대 인물」이라는 소제목을 붙이고 안 의사를 "2021년 오늘의 우리에게도 묵직한 메시지를 던진다. 향후 대한민국의 방향을 설정하는 데 귀중한 나침반이 된다. 미국과 중국 패권경쟁이 격화되고, 날로 험악해지는 동북아 정세를 헤쳐가는 데 길잡이가 되기에 충분하다. 피끓는 애국지사, 행동하는 영웅을 넘어 약육강식이란 현실적 정의관을 뒤집은 사상가"라고 평가한다. 여기서 '약육강식이란 현실적 정의관을 뒤집은 사상가'라는 표현은 안 의사가 순국하기까지 몇 달 동안 감옥에서 『동양평화론』을 집필하면서 한국과 중국, 일본의 평화를 깊이 고민한 모습을 가리키는 것 같다. 당시 일본이 약육강식을 마치 정의(正義)처럼 내세우며 자국의 이익에 탐욕하던 상황에서 동양의 평화를 진지하게, 그것도 사형을 앞두고 모색하는 것은 결코 쉬운 일이 아니다. 하얼빈 역에서 이토 히로부미를 사살한 행위도 개인적인 분노나 원한을 넘어 동양평화라는 넓고 깊은 맥락에서 계획했다. 여기서 안 의사가 '동양평화를 짓밟는 일본'이라는 악(惡)에 맞서 대결하는 힘을 인(仁)이라고 표현한 것은 결코 예사롭지 않다.

나는 안 의사의 짧지만 긴 삶을 지탱한 힘의 바탕이 무엇일까 생각해본다. 안 의사의 숭고한 삶은 이미 역사가 뚜렷하게 증명하고 있지만 그 삶을 채우고 익힌 에너지가 무엇일까 하는 것이 평소 궁금했다. 이런 상황에서 그가 직접 '인(仁)'을 말하는 것을 보고 나로서는 놀라운 발견을 한 것 같은 느낌이 들었다. 만약 안 의사의 삶에 인(仁)이라는 피가 흐르고 이것이 그의 삶을 이끈 에너지였음을 조금이라도 확인할 수 있다면 이는 문헌으로는 느끼기 어려운 인(仁)의 구체적인 힘과 가치를 위한 생생한 사례라고 할 수 있기 때문이다.

안 의사는 이토를 저격하고 열흘 뒤 요동반도의 남쪽 끝 항구인 뤼순(旅順)의 일본 감옥에서 「한국인 안응칠 소회」라는 짧은 글(한문 263자. 안중근기념관 소장)을 썼다. 이토를 사살한 뒤의 심정을 가장 잘 보여주는 내용이다. 이토 저격 사건을 상부에 보고하기 위해 감옥 측이 안 의사에게 요구했다. 안 의사가 뤼순 감옥에서 쓴 최초의 글로 추정된다. 글에 흐르는 안 의사의 모습은 가슴을 파고든다.

"하늘이 사람을 내어 세상이 모두 형제가 되었다. 오늘날 세상 사람들은 흔히 문명 시대라고 일컫지만 나는 홀로 그렇지 않는 것을 탄식한다. 문명(文明)이라는 것은 동양과 서양, 잘난 사람 못난 사람, 남녀노소를 물을 것 없이 각각 타고난 성품을 지키고 도덕을 숭상하여 서로 다투는 마음이 없이 제 땅에서 편안히 생업을 즐기면서 같이 태평을 누리는 그것이다. 그런데 오늘의 시대는 그러지 못하다…(중략)…이토 히로부미는 천하대세를 깊이 헤아려 알지 못하고 함부로 잔혹한 정책을 써서 동양 전체가 멸망을 면치 못하게 되었다. 슬프다. 천하대세를 멀리 걱정하는 청년들이 어찌 팔짱만 끼고 아무런 방책도 없이 앉아서 죽기를 기다리는 것이 옳을 것인가. 그러므로 나는 생각다 못하여 하얼빈에서 총 한 방으로 만인이 보는 눈앞에서 늙은 도적 이토의 죄악을 성토(잘못을 소리 높여 규탄함)하여 뜻 있는 동양 청년들의 정신을 일깨운 것이다."

이 글은 안 의사가 이토를 제거하고 체포돼 손발이 묶인 채 하얼빈에서 뤼순으로 이송된 후 며칠 지난 뒤 썼다. 하얼빈에서 뤼순까지는 2,000킬로미터가 넘는 거리이다. 안 의사와 함께 거사에 참여한 9명이 체포돼 뤼순 감옥으로 이동했다. 안 의사가 우덕순, 조도선, 유동하 등 독립지사들과 이토 제거 작전을 펴는 사정을 읽어보면 누구나 마음을 졸일 정도인데, 당사자들은 심정이 어떠했을지 짐작하고도 남는다. 독방에 갇힌 안 의사에게는 온갖 생각과 감정이 복잡하게 일어나고 스쳤을 것이다. 이토 제거에 성공하여 마음이 놓이는 기분이 들었을까, 거사가 끝난 뒤 새로 맞는 현실에 두려운 마음은 없었을까.

이런 상황에서 그저 안응칠이라는 사람이 아니라 '한국인'을 먼저 분명히 인식하면서 마음에 품은 생각을 이렇게 표현하는 것이 도대체 어떻게 가능할까 하는 심정으로 나는 안 의사의 가슴 속으로 들어가보고 싶은 마음이 들었다. 나이가 반드시 중요한 것은 아니지만 30세 나이에 이와 같은 글을 쓰는 것은 결코 쉽지 않다. 그가 평소 축적한 공부가 단단하다는 것을 잘 보여준다.

안 의사는 "天生烝民(천생증민, 하늘이 사람을 낳았음)"으로 글을 시작하는데, 이는 사람에 대한 보편적 관점을 명확하게 드러낸다. 천생증민이라는 말은 『시경』의 「대아」 편에 두 번 언급되는데, 올바른 정치를 위한 핵심 사상이다. 천덕(天德), 천도(天道), 천륜(天倫), 천리(天理), 천명(天命), 천벌(天罰), 천보(天保), 천부(天賦), 천심(天心), 천의(天意), 천휴(天休) 같은 말이 같은 맥락이다. 『설문해자』는 하늘(天)을 "지극히 높은 것이다(顚也至高無上. 전야지고무상.)"라고 풀이한다. 그래서 하늘은 사람의 일에 대한 최종 근거가 된다. 천생증민은 "모든 사람은 하늘의 사람, 즉 천민(天民)이요 천인(天人)이다"라는 선언이나 다름없다. 안 의사에게 이와 같은 보편적 인간관이 확고한 이유는 어릴 때부터 유학자였던 할아버지와 아버지의 영향 때문이 아니었을까. 일본은 동양 사람들의 삶을 파괴하고 이토는 그 상징이었는데, 이런 행태는 천생증민이라는 가치관을 짓밟는 행위이다. 안 의사의 이토 저격은 천생증민을 증명하는 실천이라고 할 수 있다. 삶의 보편적 가치를 느끼고 지키는 우주적 감수성(宇宙的 感受性, cosmic sensitivity)이 없이는 이와 같은 차원을 생각하기 어렵다.

이어 안 의사는 '문명(文明)'을 정의하는데, 그 의미가 깊고 넓고 높다. 표준국어대사전에서는 문명을 '인류가 이룩한 물질적, 기술적, 사회구조적인 발전. 자연 그대로의 원시적 생활에 상대하여 발전하고 세련된 삶의 양태'라고 정의한다. 다른 국어사전은 '사람의 지혜가 깨서 자연을 정복하여 사회가 정신적, 물질적으로 진보된 상태'라고 풀이한다. 이에 비해 안 의사는 '모든 사람이 타고난, 즉 하늘이 준 성품을 지키고 도덕을 숭상하면서 서로 다투지 않고 생업을 즐기면서 태평을 함께 누리는 것이다'라고 정의한다. 자연을 정복하여 인간의 생활을 편리하게 하는 상태 같은 통념적 문명 이해와 매우 다르고 깊다.

안중근, 인(仁)으로 악(惡)과 대결

안 의사는 사형이 집행되기 전까지 5개월 동안 뤼순 감옥에서 자서전인 『안응칠 역사』를 집필했으나 『동양평화론』은 완성하지 못했다. 순국할 때까지 200여 개의 붓글씨를 남겼다. 이 가운데 확인된 글씨는 57점(이 중에 25점이 국가문화재인 보물로 지정됐다)이다. 안 의사의 글씨는 모두 이토 저격 사건을 다룬 일본의 법원과 검찰, 헌병, 교도소 간부 등의 부탁으로 쓴 것이다.

일본인들이 안 의사의 글씨를 받고 싶어 했던 이유는 무엇이었을까? 안 의사는 유명한 서예가가 아니어서 그의 글씨를 소장하고 있어 봐야 문화재가 되는 것도 아니다. 게다가 안 의사는 일본의 관점으로는 이토를 죽인 강력범죄자였다. 일본인들이 안 의사의 깊은 성품에서 어떤 신성(神性)을 느꼈기 때문이라는 견해 이외에는 이를 달리 설명할 마땅한 이유를 찾기 어렵다. 안 의사가 글씨 요청을 거절하지 않은 이유는 '인(仁)으로 악을 대적한다'라는 가치관에 따른 행동이었으리라.

이런 뜻에서 나는 안 의사의 유묵(생전에 남긴 글씨)을 '인술(仁術)의 실천'이라고 규정하고 싶다. 인술이라고 하면 국어사전의 풀이처럼 '사람을 살리는 어진 기술'이라는 뜻으로, 의술(醫術)을 이르는 말로 쓰이는 경우가 많지만 이는 좁은 의미다. 일본의 침략으로 아시아 평화가 파괴되는 잔인한 행태는 심각한 병(病)이며 이를 고치는 안 의사의 의로운 행동은 훨씬 넓고 깊은 차원에서 인술(仁術)이라고 할 수 있기 때문이다.

안중근 붓글씨는 인술(仁術)

안 의사가 남긴 글씨는 대부분 동양의 역사와 철학에 관한 경전의 내용이다. 글씨에 담은 내용이 그의 삶에 깊이 각인돼 실천하고 있지 않았다면 열악한 감옥 생활에서 붓글씨를 쓴다는 것은 거의 불가능할 것이다. 서실에 편안하게 앉아 문헌을 뒤져가면서 좋은 글감을 찾아 쓸 수 있는 상황과는 전혀 다른 처지였기 때문이다. 그래서 안 의사의 유묵에는 그의 삶이 그대로 녹아 있다.

글씨 중에 특히 『논어』의 공자의 말로 기록된 구절이 많은 편이다. '見危授命(견위수명. 『논어』 「헌문」 편)은 위태로움을 만나면 목숨을 바쳐서라도 대결한다는 뜻이다. 안 의사가 생각한 위태로움은 나라를 잃은 당시 상황일 것이다. 안 의사는 나라의 독립 의지를 다지며 동지들과 손가락을 자르는 단지동맹을 하는데, 견위수명의 태도라고 할 수 있다. 단지동맹 7개월 뒤에 이토를 저격했다.

'人無遠慮 難成大業(인무원려 난성대업. 『논어』 「위령공」 편 구절의 변형)'은 사람이 깊이 생각하지 못하면 큰일을 이루기 어렵다는 뜻이다. 『논어』 에는 난성대업이 아니라 '必有近憂(필유근우, 자잘한 걱정이나 두려움이 반드시 생긴다)'이다. 필유근우보다는 난성대업이라는 표현이 구체적이고 진취적이다. 이런 것을 보면 안 의사가 글씨를 위한 글씨를 썼다기보다는 그 의미를 실천적으로 살리는 데 상당한 순발력이 있음을 엿볼 수 있다. 필유근우는 뜻이 쉽게 와닿지 않지만 난성대업은 뜻이 분명하다.

'歲寒然後知松栢之不彫(세한연후지송백지부조. 『논어』 「자한」 편)'은 차가운 겨울이 되면 비로소 송백나무가 시들지 않음을 알게 된다는 뜻이다. 추사 김정희의 걸작 '세한도'로 인하여 널리 알려진 구절이다. 일제 강점기라는 몹시 차가운 시대에서도 시들지 않는 송백을 닮고 싶은 마음이 들었을 것이다. 「한국인 안응칠 소회」에서, 사람들이 지금은 문명 시대라고들 하지만 자신은 그렇게 생각하지 않는 마음을 한탄한다는 구절이 있다. 시대와 겪는 불화 같은 이런 생각을 넘어서려면 송백의 시들지 않음 같은 정서가 꼭 필요할 것이다. 『논어』 원문에는 부조(不彫)가 아닌 '後彫(후조)'로 되어 있다. 彫(또는 凋)는 시들다의 뜻이다. 후조는 시간적으로 늦게 시든다는 의미가 되는데, 이는 송백 같은 침엽수(바늘잎나무)에 맞지 않다. 겨울에도 시들지 않기 때문이다. 원문을 마음대로 고칠 수 없기 때문에 그대로 '후조'라고 하지만 의미는 안 의사처럼 '不彫(시들지 않음)'라고 해야 분명하다. 엄밀하게 말하면 솔잎도 갈색으로 변해 떨어지므로 소나무도 시든다. 이 구절의 의미는 시듦이 다른 나무와는 뚜렷하게 차이가 난다는 점을 강조하는 데 있다.

'言忠信 行篤敬 蠻邦可行(언충신 행독경 만방가행. 말은 정성과 신뢰가 있어야 하고 행동은 군세고 공경스러워한다. 그렇게 하면 오랑캐 나라에서도 통한다. 『논어』 「위령공」 편)', '敏而好學 不恥下問(민이호학 불치하문. 민첩한 자세로 배움을 좋아하고 자기보다 못한 사람에게도 묻는 것을 창피하게 여기지 않는다. 『논어』 「공야장」 편)', '志士仁人 殺身成仁(지사인인 살신성인. 뜻을 품은 사람과 인한 사람은 자기 몸을 던져서라도 인을 이룬다. 『논어』 「위령공」 편)' 등의 글씨는 모두 안 의사가 자신을 지키는 바탕으로 삼고 실천한 삶의 모습이다. '第一江山(제일강산)'은 돌아가지 못하는 고국에 대한 애절한 심정을 담은 글씨로 느껴진다. 뤼순 감옥은 요동반도 남쪽 끝이므로 바다 건너 평양, 인천, 서울이 가깝다. 이와 같은 지리적 사정도 고국에 대한 그의 심정을 더욱 간절하게 만들었을 것이다.

'저널리스트 안중근'은 인(仁)의 특징을 다른 측면에서 보여준다. 인(仁)은 '어질다'라는 관념 때문에 정적(靜的)인 성품으로 느끼기 쉽다. 인(仁)은 세상과 활발한 교감을 통해 비로소 그 역동적인 모습을 드러낸다.

유학이 꽃핀 북송(北宋)시대 사상가들은 유학의 핵심인 인(仁)에 대해 구체적인 설명을 한다. 주희와 여조겸이 편찬한 『근사록(近思錄, 이 책은 송나라의 논어라고 불린다)』에 따르면, 정명도는 인(仁)에 대해 "의학서적에 손발이 마비되는 병을 불인(不仁)이라고 하는데 매우 적절하다. 인(仁)은 천지만물을 자기와 한 몸으로 삼으니 자기가 아닌 것이 없다. 그렇게 느끼면 무엇이든 이루지 못하는 것이 있겠는가"라고 했다. 명도는 또 "공경하는 자세로 마음을 바르게 하고 의로움을 따라 행동하는 것이 인(仁)이다"라고 했다. 장횡거는 "병법(兵法)은 성인이라도 쓰지 않을 수 없었다. 지사인인(志士仁人)은 전쟁을 알기 때문에 평소 준비하여 이를 가볍게 여기지 않는다"라고 했다. 이런 사람을 세상에 잘 통하는 유학자라는 뜻에서 '통유(通儒)'라고 한다. 통유는 문무(文武)를 겸한다는 뜻에서 '통유전재(通儒全才)'로 표현한다. 안중근 의사는 통유전재를 실천한 사례라고 할 수 있다.

안 의사가 가진 통유의 모습을 저널리스트로서의 현실 감각에서 찾을 수 있다.

안 의사는 이토 히로부미가 고종황제를 강제 퇴위시키고 군대를 해산하는 등 흉폭한 정책을 펴자 국외에서 의군(義軍)을 조직해 독립전쟁을 할 계획으로 1907년 8월 연해주(블라디보스토크 일대)로 건너간다. 아무리 독립 의지가 강하더라도 안 의사 혼자 몸으로 아무 기반이 없는 곳에서 독립을 외칠 수는 없는 일이다. 그는 다음해 3월 현지 동포 신문인 '해조신문'에 「인심을 결합하여 국권을 회복하자」라는 제목의 칼럼을 기고했다. 당시 연해주에는 일본의 억압을 피해 동포 수만 명이 이주했다. '인심결합론'으로 부르는 이 칼럼에서 안 의사는 다음과 같이 말했다.

"우리나라는 오늘날 이같이 참담한 처지에 빠졌으니 그 까닭은 서로 화합하지 못한 것이 제일 큰 원인이다. 이 불화하는 병의 원인은 교만이다. 교만을 바로잡는 것은 겸손이다. 이제 고국산천을 바라보니 동포들이 원통하게 죽고 죄 없는 조상의 백골마저 깨뜨리는 소리를 차마 듣지 못하겠다. 깨어라, 연해주에 계신 동포들이여! 뿌리가 마르면 가지 잎새도 마르는 것이니 조상이 같은 피의 족속이 이미 굴욕을 당했으니 내 몸은 장차 어떻게 하리오. 우리 동포들아! '불화' 두 자를 깨뜨리고 '결합' 두 글자를 굳게 지켜 자녀들을 교육하며 청년 자제들은 죽기를 결심하고 속히 우리 국권을 회복한 뒤에 태극기를 높이 들고…(중략)…일심단체로 육대주가 진동하도록 대한독립만세를 부를 것을 기약하자."

이 칼럼이 동포 사회에 알려지면서 안 의사는 주변의 지원을 받아 300명 규모의 항일의군을 조직할 수 있었다. 신문을 통해 이와 같은 커뮤니케이션 노력을 하지 않았다면 오늘의 안 의사는 없었을지도 모른다. 안 의사는 항일의군을 지휘하여 함경도에 있던 일본군을 습격하여 전과를 거두었지만 붙잡은 일본군 포로를 석방하여(국제법에 따라 전쟁 포로를 석방한다는 것이 안 의사의 판단이었다) 의군 내부에서 불만이 일어났다. 석방된 일본군 때문에 의군의 부대가 알려져 크게 패배하는 일까지 생겼다. 이후 의군을 재조직하려고 했으나 외면받다시피 했다. 외톨이가 된 안 의사의 좌절감은 너무나 커 이겨내기 어려운 상황이었다.

저널리스트로서의 현실 감각

안 의사는 한때 기자로 일했던 블라디보스토크의 교포 신문사 '대동공보'에 들렀다가 이토 히로부미가 다음 달(1909년 10월) 만주 시찰을 위해 하얼빈에 온다는 소식을 듣는다. 의군 활동의 실패로 기운이 크게 꺾인 상태에서 이토가 곧 하얼빈에 온다는 소식에 '그저 그런가 보다'처럼 소극적으로 받아들일 가능성도 있지 않았을까. 만약 그랬다면 안중근 의사는 역사에 존재하기 어려웠을 것이다. 안 의사는 즉시 좌절감을 물리치고 이토 방문에 민감하게 반응했다. 나는 이 상황에서 안 의사가 보여준 민첩한 행동의 배경이 무척 궁금했다. 크게 낙담한 상태에서 결코 쉽지 않은 태도이기 때문이다.

좌절과 낙담을 용기와 과단으로 바꾸는 힘은 무엇이었을까. 나는 그 민감하고 민첩한 태도를 둔감(불인, 不仁)을 이겨내는 인(仁)의 힘이라고 생각한다. 불인(不仁)이 몸의 둔감이라면 몸의 민감은 인(仁)이라고 할 수 있다. 안 의사가 이토 소식을 듣고서도 반응이 밋밋했다면 대동공보의 직원들도 더 이상 이토에 관한 이야기를 하지 않았을 수 있다. 안 의사는 이토를 처단할 천재일우의 기회라는 것을 즉시 인식하고 명확한 의지를 드러낸 것이 틀림없다. 나는 이를 안 의사의 저널리스트 감각이라고 생각한다.

대동공보의 적극적인 지원과 협력이 없었다면 안 의사의 이토 저격은 추진될 수 없었다. 권총도 없고 비용도 없는 상황에서 빈손으로 이토를 처단할 수는 없기 때문이다. 안 의사의 사격 솜씨가 뛰어나다고 하지만 하얼빈 역의 상황을 가정하고 집중적으로 사격 연습을 해야 저격이 가능하다. 이토를 환영하는 사람들 사이에서 저격을 시도하려면 일본인처럼 보여야 하므로 옷도 새로 구입하고 용모도 꾸며야 한다. 이 모든 일에 비용이 들어간다. 연해주 독립운동의 중심인물이자 대동공보의 사장이었던 최재형이 적극 지원하고 신문사 직원들은 안 의사와 함께 거사를 준비했다. 이토 제거라는 위험하고 불확실한 일에 안 의사가 신뢰를 주지 못했다면 추진하기 어려웠을 것이다.

행인(杏仁, 살구씨)이나 도인(桃仁, 복숭아씨)이란 말처럼 인(仁)에는 씨앗이라는 뜻이 있다. 쌀은 도인(稻仁)이다. 씨앗은 생명의 원천을 품고 있다. 살구씨와 복숭아씨 등 많은 씨앗이 사람을 살리는 약재로 쓰인다. 공자는 학생들과 살구나무 뜰(행단, 杏壇)에서 공부하기를 좋아했다. 공자의 학문은 살구씨처럼 사람됨의 씨앗을 심는 것이라고 할 수 있다. 거목(巨木)도 씨앗에서 비롯된다.

쌀은 곡식을 대표하는 씨앗이다. 이것을 먹지 않으면 사람은 죽는다. 생명력을 상징하는 글자인 '정(精)'은 쌀의 힘을 의미(米 + 靑)한다. 精의 기본 뜻은 방아를 찧어 쓿은 쌀인데, 여기서 '밝고 자세하다, 깊다, 그윽하다, 순수하다, 아름답다, 생명의 근원, 만물을 생성하는 기운, 정성, 진실, 굳셈' 같은 뜻이 나온다. 정기(精氣), 정신(精神), 정수(精髓), 정일(精一), 정성(精誠) 같은 말에서 의미를 잘 느낄 수 있다.

씨앗이라는 인(仁)의 생명력에서 싹을 틔우지 못하면 열매도 맺을 수 없다는 것은 삶의 정직한 길이다. 안 의사의 삶은 씨앗에서 발아(發芽)하여 하나하나 성장하여 열매를 맺는 정성스러운 모습을 닮았다. 역사가 그의 삶을 숭모하는 이유이고 근거이다. 안 의사의 옥중 자서전『안응칠 역사』를 번역한 노산 이은상은 '인인(仁人) 안중근'을 다음과 같이 추모했다.

조국이 기울어갈 제
정기를 세우신 이여!
역사의 파도 위에
산같이 우뚝한 이여!
해 달도 길을 멈추고
다시 굽어보도다.

참고문헌

『시경』, 『서경』, 『주역』, 『관자』, 『노자』, 『논어』, 『묵자』, 『대학』, 『중용』, 『맹자』, 『순자』, 『장자』, 『예기』, 『근사록』, 『설문해자』.

- 안중근, 이은상 옮김, 『안응칠 역사』, 안중근의사기념관, 2011.
- 이제마, 이민수 옮김, 『동의수세보원』, 을유문화사, 2002.
- 소흥렬, 『논리와 사고』, 이화여대출판부, 2013.
- 이규호, 『말의 힘: 언어철학』, 좋은날출판사, 1998.
- 김용규, 『설득의 논리학』, 웅진지식하우스, 2020.
- 김용옥, 『철학 강의』, 통나무, 1994.
- 김용옥, 『논어한글역주』, 통나무, 2008.
- 이권효, 『류성룡 징비력』, 나남, 2018.
- 이권효, 『논어신편: 새로 편집한 논어』, 새문사, 2017.
- 홍병기, 『뉴스 동서남북』, 아마존의나비, 2018.
- 퇴계학연구원, 『퇴계선생언행록』, 2007.
- 아리스토텔레스, 천병희 옮김, 『수사학』, 숲출판사, 2017.
- 아리스토텔레스, 이종훈 옮김, 『형이상학』, 동서문화사, 2019.
- 키케로, 안재원 옮김, 『수사학』, 길출판사, 2019.
- 하이데거, 전양범 옮김, 『존재와 시간』, 동서문화사, 2021.

- 카를 융 외, 이윤기 옮김, 『인간과 상징』, 열린책들, 2018.

- 조셉 캠벨, 이윤기 옮김, 『신화의 힘』, 21세기북스, 2019.

- 존 티어니 외, 정태연 외 옮김, 『부정성 편향』, 에코리브르, 2020.

- 데카르트, 최명관 옮김, 『성찰』, 서광사, 2004.

- 미첼 스티븐스, 이광재 외 옮김, 『뉴스의 역사』, 커뮤니케이션북스, 2010.

- 롤프 도벨리, 장윤경 옮김, 『뉴스 다이어트』, 갤리온, 2020.

- 리처드 탈러, 안진환 옮김, 『넛지』, 웅진씽크빅, 2010.

- 에드워드 카, 김택현 옮김, 『역사란 무엇인가』, 까치글방, 2019.

- 월터 리프먼, 오정환 옮김, 『여론이란 무엇인가』, 동서문화사, 2018.

- 피터 드러커, 이재규 옮김, 『단절의 시대』, 한국경제신문, 2003.

- 피터 드러커, 이재규 옮김, 『프로페셔널의 조건』, 청림출판, 2003.

- 알랭 드 보통, 최민우 옮김, 『뉴스의 시대』, 문학동네, 2014.

- 네고로 히데유키, 이연희 옮김, 『호르몬 밸런스』, 다산북스, 2021.

- 나익주, 『조지 레이코프』, 커뮤니케이션북스, 2017.

- 조지 레이코프, 노양진 외 옮김, 『삶으로서의 은유』, 박이정, 2009.

- 조지 레이코프, 나익주 옮김, 『이기는 프레임』, 생각정원, 2016.

- 조지 레이코프, 유나영 옮김, 『코끼리는 생각하지 마』, 삼인, 2006.

- 한스 로슬링 외, 이창신 옮김, 『팩트풀니스』, 김영사, 2019.

- James Legge, Confucian Analects, 台北: 文星書店, 1966.

- Plato, Apology of Socrates, Penguin classics, 2010.

- Gaye Tuchman, Making News, The Free press, 1978.

- Mitchell Stephens, A History of News, Oxford university press, 2007.